SIGUE HACIA EL NORTE

Núria Farriols y Ferran Aliaga

SIGUE HACIA EL NORTE

Mindfulness, psicología y ética

Herder

Diseño de la cubierta: Toni Cabré

© 2022, *Núria Farriols y Ferran Aliaga*
© 2022, *Herder Editorial, S.L., Barcelona*

ISBN: 978-84-254-4955-0

Imprenta: Qpprint
Depósito legal: B-17.009-2022

Impreso en España – Printed in Spain

Herder
www.herdereditorial.com

ÍNDICE

Agradecemos, de todo corazón, a Basili Llorca su paciencia, sabiduría, sus cariñosas y afectuosas aportaciones y orientaciones..., pero sobre todo su humildad.

Queremos dedicar este libro a nuestras familias, amigos, pacientes, compañeros, conocidos... A todos, con el deseo de que sea enriquecedor e inspirador como ha sido para nosotros, al dar más sentido a nuestra vida.

PRÓLOGO

La transición de prehomínido a homínido radica especialmente en la conciencia («sé que soy»), lo que supone un cambio total (un ser vivo que sabe que vive). Aquí aparece el individuo, el ser que se percibe separado de los otros y del mundo. Este autoconocimiento profundo e instintivo se denomina conciencia «egocentrada» o «yo», y ha permitido en el ser humano la creación de lenguaje, cultura, herramientas, tecnología... pero también ha posibilitado guerras, deforestación, etc. ¿Por qué?

Todas las tradiciones espirituales y algunas filosofías indican que la conciencia egocentrada no es el sustrato esencial o fundamental del ser humano y de otros seres vivos, sino que es la conciencia «global», de la «fuente original» (conciencia no separada, no dualista, de interdependencia, de integración con la vida y los supuestos otros). Realizar o reconocer la conciencia global u original en cada uno de nosotros supone un cambio radical en la ética y en la psicología humana, ya que es naturalmente pacífica, altruista y equilibrada. Supone la auténtica «maduración», el «crecimiento humano».

Las actitudes universales, referidas por todas las tradiciones espirituales, como la generosidad, la paciencia, la humildad, el perdón, el altruismo, el amor y la compasión, etc., son un camino para desarrollar el potencial humano interior que todos poseemos: una motivación y un comportamiento ético, así como una sabiduría del arte de vivir. Al mismo tiempo representan un camino que permite trascender sufrimientos integrados en una historia personal vivida desde la conciencia separada o egoica.

Ojalá este libro facilite dicha transición, más necesaria que nunca.

Sería maravilloso que todas las personas pudieran reconocer esta conciencia global y que tuvieran una vida plena.

INTRODUCCIÓN

¿Cómo atreverse a escribir un libro sobre ética si no te comportas, a veces, en concordancia con ella? Todos compartimos una humanidad común, una fragilidad física y mental, explicable por la ley universal de la transitoriedad, la ley del cambio (todo cambia, nada permanece igual de un momento al siguiente). Ese cambio explica los errores humanos, pero también los aciertos. Esa ley del cambio explica el gran potencial humano tanto hacia lo «bueno» como hacia lo «malo». Independientemente de nuestra situación presente, podemos mejorar, y un camino de mejora psicológica pasa por cultivar esas actitudes éticas universales. Su práctica da sentido a la vida. Es decir, si cada ser humano cultivara estas actitudes y las llevara a la práctica cada vez más, ocurriría el cambio grupal y social que buscamos. Por tanto, nuestra tesis o argumento es la necesidad actual de cultivar esa ética universal para que se produzca el cambio «interior» y con ello el cambio social.

La filosofía y la práctica del *mindfulness* nos ayuda en el arte de vivir conscientemente. No se trata de una aplicación técnica, como sucede en algunos enfoques, sino que se relaciona con un cambio de visión propio, así como del mundo y su aplicación práctica en la vida diaria.

En el momento actual, creemos que la revolución más necesaria, y que muchos reclaman, ya no ha de darse entre clases sociales, entre religiones, entre diferentes ideologías políticas... sino que es una revolución ética que obliga al ser humano a «madurar», a ser realmente adulto, responsable. Para ser responsable de verdad, el ser humano ha de ser libre. ¿Libre de qué? De aquello que se lo impide: tendencias cognitivas, tendencias emocionales automáticas, condicionadas por su pasado. Por tanto, como podemos intuir, debe liberarse «interiormente» de esos condicionamientos. Solo así se beneficiará, aportará y no perjudicará (base natural de la ética, compartida por todas las culturas y momentos históricos).

Creemos que la base de todas las tradiciones espirituales es la ética, definida únicamente como el compromiso de no dañar, no crear ni fundamentar ninguna creencia que justifique el daño a otros o a uno mismo. Y siempre que se desarrolle de manera cada vez más profunda, este principio obligará al crecimiento humano, al despertar humano. Se trata de crecer desde una visión separada y, por tanto, sintiéndose como «individuo», para poder ver y sentir que forma parte del todo. Ver y experimentar que todo lo que soy, que todo lo que tengo, viene de los demás (sentir el «nosotros»). Cuando «eso» se experimenta, se vive. En realidad, no es posible el daño a uno mismo o a los demás. Esta cosmovisión también ha llegado a la psicología, y en concreto a la psicología clínica, complementándola. Anteriormente, la mayoría de perspectivas psicológicas se guiaban por un enfoque patológico, anómalo, negativo: el ser humano tiene «defectos», «vicios», «complejos», «traumas» que deben tratarse y mejorarse; esta era la base de la terapia. El *mindfulness* y otras visiones, como la psicología positiva, han complementado la perspectiva anterior (que, evidentemente, ha sido útil, ya que ha ayudado a muchas personas a sufrir menos) aportando herramientas para cultivar lo positivo, esto es, las destrezas y cualidades presentes en el ser humano. Así, esta nueva visión parte de que la persona se «acepta». Aceptarse significa que en su experiencia no «rechaza» lo que no le gusta. Pero, en el plano metodológico, ¿cómo se traslada en «psicoterapia» este cambio de cosmovisión? Antes el «síntoma», es decir, aquello por lo cual el paciente sufría, tenía que eliminarse, cambiarse; ahora se «acepta» observándolo en la experiencia presente, sin juzgarlo y sin expectativas futuras.

El *mindfulness,* o «conciencia plena», es una de las terapias denominadas de «tercera generación» que se aplican a los síntomas relacionados con el estrés y la ansiedad (como es el caso del MBSR, *Mindfulness-Based Stress Reduction,* de Jon Kabat-Zinn, 2003) o con la depresión recurrente (como es el caso del MBCT, *Mindfulness-Based Cognitive Training,* de Zindel V. Segal, Mark Williams y John Teasdale, 2008), entre muchos otros programas. El *mindfulness* ha demostrado ampliamente en el ámbito científico su efectividad no solo con estos programas y con estos trastornos, sino en multiplicidad de ámbitos y de situaciones, tanto en el contexto clínico como en el «normalizado».

La estructura del presente libro sigue las ocho palabras que consideramos más importantes en la comunicación de cualquier lengua: «hola», «sí», «no», «perdón», «por favor», «gracias», «adiós» y «amor»; estas intentarán reflejar los aspectos más esenciales en los cuales se han incluido los principios éticos que consideramos más relevantes.

A lo largo de los diferentes apartados se realizará, en primer lugar, la explicación de una actitud; a continuación, una reflexión psicológica y, en último lugar, ejercicios prácticos que se pueden desarrollar tanto de manera individual como con un familiar, amigo, pareja, grupo, etc. En nuestra opinión, el acto de compartir representa un ingrediente fundamental en la vida, especialmente cuando dos o más personas tienen los mismos intereses, motivaciones y aspiraciones.

Somos conscientes de que, además de haber aprendido de otros compañeros de profesión, también lo hemos hecho de muchos pacientes y sus familiares con los que hemos tratado. Por otro lado, partimos de la base de que nadie está «libre de pecado», es decir, en cualquier ser humano se puede generar un trastorno psicológico si se dan las causas y condiciones propicias. En este sentido, respetamos el sufrimiento que a veces se manifiesta como un trastorno psicológico, ya que es algo que compartimos todos los seres humanos y esto origina el sentimiento de igualdad necesario para intentar aliviarlo. La falta de comprensión —e incluso el estigma— que envuelve a las personas que padecen trastornos psicológicos proceden de considerarlos diferentes y hasta inferiores (vagos, locos, viciosos, malos...), y puede ser la causa de que dicho trastorno conlleve variantes más graves, como el aislamiento, la soledad y la alienación. Si alguien reacciona así es porque quiere huir de su propio sufrimiento, y esta huida es propia del ser humano. El grado de aceptación e inclusión de las personas con trastornos psicológicos es directamente proporcional a la maduración de una sociedad. Y algo más preocupante aún es que, según algunos estudios, la estigmatización también se da entre los mismos profesionales que los ayudan (formamos parte de la sociedad en la que vivimos). De los pacientes hemos aprendido humildad (somos vulnerables; fuera pretensiones y soberbias...), bondad, solidaridad y respeto mutuo (cuántas veces lo hemos observado en terapias grupales).

Este libro no solo está dirigido a los profesionales, sino al público en general. No busca ser exhaustivo ni técnico, sino que pretende trasladar algunos de los conocimientos y vivencias más relevantes, integrando actitudes éticas, de modo que todo ello otorgue un sentido concreto a nuestra vida.

En las siguientes páginas comentaremos aspectos referentes a la práctica de dichas actitudes; de hecho, una profundización adecuada en las mismas revelará que todas ellas están relacionadas. Y es que podrían contemplarse como las caras de un mismo diamante, que aportan distintos matices, pero que forman parte de la misma piedra preciosa. Por ese motivo, algunas prácticas, aunque parezcan repetitivas, pretenden ahondar en dichas actitudes, mostrando las sinergias que se producen entre ellas.

En conclusión, en este libro se integran aspectos del *mindfulness* (atención consciente, conciencia plena) con aquellos propios de la psicología aplicada y de la ética, con el objetivo y la intención de vislumbrar lo esencial, lo que da sentido al ser humano. Porque, desde nuestro punto de vista, lo que da sentido al ser humano es especialmente el cultivo de las actitudes no como una obligación o porque sea lo correcto, sino como una elección personal, valorando su importancia tanto para el desarrollo y crecimiento personal como grupal y universal. La siguiente cita atribuida a Einstein puede servir para aclarar aquello a lo que nos referimos:

El conocimiento y las habilidades por sí solas no pueden conducir a la humanidad a una vida feliz y digna. La humanidad tiene razón al situar a los defensores de altos estándares morales y de los valores por encima de los descubridores de la verdad objetiva. Lo que la humanidad debe a personas como Buda, Moisés y Jesús se sitúa por encima de todos los descubrimientos del pensamiento exploratorio y constructivo.

Lo que estos hombres bendecidos nos han dado lo hemos de preservar e intentar mantener vivo con todas nuestras fuerzas, para que la humanidad no pierda su dignidad, la seguridad de su existencia y la alegría de vivir.

HOLA

*Si el hombre está concentrado, no importa
mucho lo que hace; las cosas importantes, igual
que las insignificantes, asumen una nueva
dimensión de realidad.*

Erich Fromm

Al decir «hola» damos la bienvenida a lo que comienza, a lo que es nuevo. Conectamos con el presente a través de la presencia de lo que vemos, oímos, sentimos... Cada día es nuevo, pero la «rutina mental» nos impide verlo, es decir, nos impide ver el cambio. Por tanto, necesitamos *abrirnos a la experiencia,* como hacen los niños, que son uno con lo que hacen, no anticipan ni tienen recuerdos que interfieran con su experiencia. Así, disfrutan de lo que hacen de forma sencilla. Todo lo perciben como algo nuevo y fresco. Esta manera de percibir, de experimentar, se denomina «mente de principiante» o «mente de bebé», en alusión a una mirada libre de juicios, valoraciones, conceptos y comparaciones; una mirada que solo contempla y experimenta.

En la actualidad, dentro de las aplicaciones más ampliamente aceptadas y utilizadas en el ámbito de la psicología clínica, tanto en trastornos psicológicos como en el crecimiento personal y en el campo de las organizaciones, de la educación, etc., encontramos avalado por evidencias científicas el llamado *mindfulness,* «atención plena» o «conciencia plena», una práctica ya utilizada hace más de 2000 años y adoptada por la psicología y por otros ámbitos de conocimiento. No es una técnica, aunque en ocasiones se utilice como tal, ya que persigue conseguir *equilibrio interno (autorregulación de la atención, calma, serenidad, ecuanimidad),* vinculado con el *equilibrio en las relaciones (ética)* y con la realidad *(sabiduría,* producto de la correcta comprensión de la realidad propia y de los fenómenos). Por tanto, constituye un proceso, un camino que cambia la forma de vivir y de vivirse.

En cuanto a los principios básicos del *mindfulness,* está la aceptación de la experiencia presente (actitud que nos abre de un modo natural a la experiencia, ya comentada), una aceptación sin resistencias, con la máxima honestidad (sin juzgar la experiencia y sin crear expectativas). Con este enfoque, con esta actitud vital, todo es nuevo: esta es la «mente de bebé». La memoria, el recuerdo, es una habilidad humana útil si no se olvida que se trata de una experiencia presente. Lo mismo ocurre con la anticipación y la planificación. El problema surge cuando no hay «control» mental y el ser humano se ve atormentado, de forma involuntaria, por recuerdos dolorosos y anticipaciones preocupantes que impiden experimentar la vida real, la vida presente. Este proceso involuntario de sentirse en el pasado y anticipar el futuro es una tendencia humana que crea sufrimiento. El *mindfulness* pretende revertir dicha tendencia.

Incluso es posible que la misma tendencia provoque la fantasía involuntaria de que uno puede controlar el futuro. Nuestro único campo de influencia es el presente, ya que es lo único que existe. Así, en el presente realizamos una «simulación» (una proyección o planificación) del futuro. Mientras esto se tenga claro, no hay problema, pues resulta evidente que lo que va a acontecer es fruto de infinidad de causas, condiciones y circunstancias no controlables.

Estamos familiarizados con el hecho de «juzgar», con tener objetivos y guiarnos por ellos, con realizar varias actividades al mismo tiempo, incluso comer, mirando el móvil y escuchando la televisión. ¿Nos suena este escenario? Vemos la televisión, nos informamos de lo que sucede en el mundo y, al mismo tiempo, no sabemos lo que ocurre aquí y ahora, en nuestro cuerpo, cómo nos sentimos o qué estamos pensando. La propuesta del *mindfulness* consiste en equilibrar este desequilibrio, en mirar hacia afuera tanto como miramos hacia adentro y viceversa. Es decir, la propuesta del *mindfulness,* que creemos muy necesaria, consiste en fomentar la simplicidad más que la complejidad: la naturalidad *versus* lo artificial; tener aspiraciones *versus* objetivos rígidos; apertura, libertad, altruismo *versus* cerrazón en uno mismo (la etimología de la palabra *idiota* alude a «el que solo se ocupa de sí mismo»); por último, la propuesta consiste en «soltarse» y soltar con ecuanimidad (relación con la experiencia interna sin preferencias y, por tanto, sin apegos) *versus* «control» obsesivo al repetir hábitos de forma compulsiva. ¿Cómo llevarla a cabo? Para empezar necesitamos parar, «desconectarnos» en un lugar apropiado (en silencio, con pocos estímulos, solos, sin interrupciones). Un entorno que facilite conectar con la experiencia presente, sin «historias» mentales, sin juicios, aceptando y cuidando primero de las «sensaciones» táctiles, auditivas, visuales, etc., hasta llegar a lo mental (relatos en forma de pensamientos o emociones con las que nos identificamos).

Tres aspectos complementarios son necesarios para la práctica de la conciencia plena *(mindfulness):*

– La instrucción básica: mantenerse en la experiencia presente, por ejemplo en la respiración, sin juzgarla (sin valoraciones) y sin expectativas. Requiere atención, pero también memoria (si hay «distracción» se vuelve a ella lo más rápidamente posible). Asimismo conocida como *autorregulación atencional.*

- Una actitud o «relación» con la experiencia presente, sea la que sea:
  - Permisiva, aceptante, acogedora *versus* rechazante, intolerante.
  - Amable, cariñosa, amigable *versus* frustrante, enemistad.
- Un conocimiento o un saber que se traslada a la práctica:
  - Sea la experiencia que sea, es transitoria (conocimiento de la transitoriedad).
  - Sea la experiencia que sea, ocurre ahora por causas y condiciones que escapan a mi control (conocimiento de la interdependencia).
  - Sea la experiencia que sea, es humana. La comparto, la vivo igual que otros seres humanos (conocimiento de la ecuanimidad o también expresado como humanidad compartida).

Estas actitudes y conocimientos se complementan entre sí, se refuerzan. Así, si aceptamos, acogemos con amabilidad una experiencia sin juzgarla ni rechazarla. Y podemos vivirla, con «presencia» plena, siendo plenamente conscientes de todos sus matices.

Mediante el cultivo de este método y de estas actitudes nos familiarizamos gradualmente con la atención presente, habilidad que nos permite desidentificarnos de patrones automáticos, compulsivos y cognitivo-emocionales, ya que estos funcionan como reacciones instintivas y nos distraen de la realidad presente. Estos patrones automáticos tienen su origen en reacciones de «apego» y «deseo» *versus* reacciones de rechazo o aversión, condicionadas por nuestras experiencias pasadas. En la práctica, se trata de «darse cuenta» cada vez que uno se pierde en la «mente» (a través de recuerdos, pensamientos rumiativos, historias, anticipaciones, imaginaciones) y de volver, de forma amable, a la experiencia presente —por ejemplo, mediante los ruidos, el tacto, etc.

Un ejemplo de estas tendencias reactivas automáticas, y su contrapartida en actitudes más adecuadas, lo podemos ver en la siguiente tabla:

Funcionamiento habitual y actitudes adecuadas

TENDENCIAS HABITUALES	ACTITUDES ADECUADAS
Escapar, huir	Tolerar, permitir, aceptar, «abrazar»
Esfuerzo, tensión	Relajación, atención
Control	No tener expectativas, soltar
Pasado, futuro	Presencia
Condicionamiento	Libertad consciente
Juicio, autocrítica	Soltar valoraciones, humanidad compartida
Distracción	Concentración, lucidez
Ideas y prejuicios	Sensibilidad-experiencia, sentimiento de igualdad

PRACTICAR LA ATENCIÓN CONSCIENTE/PLENA

La práctica principal consiste en desarrollar, poco a poco, una sensibilidad consciente que nos permita desaprender el hábito inconsciente de dejarnos arrastrar por todos los pensamientos e imágenes cognitivas y las emociones que provocan. El antídoto para no «perderse» es mantenerse en la atención del momento presente. De esta forma, la mente se estabiliza de manera gradual y puede recuperar su «calma» y también la «claridad» natural.

Una metáfora que ayuda a comprender este proceso es imaginarse que uno entra en un estanque o en un lago esperando ver agua clara, el fondo, los peces, pero empieza a remover el fango, el limo del fondo, y enturbia el agua; para solucionar la falta de visión, no deja de moverse (estos serían los hábitos mentales compulsivos del ser humano). Hasta que comprende que lo que debe hacer es «no moverse» y permitir que el barro vuelva a depositarse en el fondo (es decir, estos hábitos inconscientes mentales por sí mismos enturbian el presente y crean padecimientos). Cuando eso ocurre, uno puede ver con claridad el agua y los peces. Ahí se puede experimentar el presente real.

Para ello hay dos métodos básicos:

1. *Atención con objeto o concentración:* consiste en cultivar una atención focalizada en una experiencia presente (objeto), que funciona de ancla o amarre. Así, cuando hay una distracción se recoge el ancla y se vuelve al presente. Los principales objetos de focalización son:

   • *La respiración:* se utilizan las sensaciones de la respiración (en el abdomen o en las ventanas de la nariz) como foco atencional, procurando no perder el foco. Pero habrá distracciones, por lo que, tantas veces como ocurran, se vuelve a la respiración. Al principio, se pueden contar las exhalaciones: para facilitar el anclaje, primero en orden directo y, cuando ya se tiene más práctica, en orden inverso; por ejemplo, de 1 a 20, un pequeño descanso, y otra vez hasta 7 repeticiones; luego en orden inverso (20 a 1), priorizando las sensaciones sobre el número.

   • *Las sensaciones corporales:* se trata de incluir en la respiración, ya comentada, otras sensaciones en diferentes partes del cuerpo para luego realizar una exploración corporal completa, llamada *body scan* o escáner corporal.

   • *Sonidos / ruidos externos e internos.*

   • *Al caminar:* se focaliza la atención en la planta de los pies. Con la práctica y su estabilidad puede ampliarse a las piernas, e incluso en el movimiento de caminar con todo el cuerpo.

Las dos primeras son las prácticas de concentración más utilizadas, aunque también se usan otras como la atención focalizada en un punto de color, la llama de una vela o visualizaciones imaginadas. Las prácticas de atención con ancla u objeto habilitan realmente la siguiente práctica, que es la atención o conciencia plena *(mindfulness)*.

2. *Atención sin objeto o atención plena:* consiste en cultivar una atención abierta o «presencia» en el momento presente, sin centrarse o fijarse en nada. Todo fluye y no interferimos. Este método o habilidad requiere práctica con los métodos anteriores.

Principales facultades que se aprenden con la práctica:

- *Atención consciente:* facultad que permite situar la atención en lo que percibimos. Es la base de la experiencia. Necesitamos desarrollarla, ya que padecemos un déficit atencional por no cultivarla y tenemos la habilidad contraria, esto es, la dispersión.

- *Atención vigilante o memoria:* facultad que se centra en vigilar si mantenemos la atención o si la hemos perdido por una distracción. Nos permite recuperar la atención consciente cuando nos perdemos. Es tan importante, o más, que el propio mantenimiento de la atención consciente.

- *Equilibrio, aceptación o ecuanimidad:* actitud de no reactividad o rechazo de la experiencia presente. Impide que nos dejemos arrastrar por pensamientos, imágenes, etc., que nos distraen del momento presente y nos atrapan en la mente y en estados aflictivos.

Con la práctica, vamos desarrollando estas habilidades y el «control mental» que permite mantener la atención en el presente de forma voluntaria; habilidades que son la base de la tranquilidad y de la claridad mental.

No es imprescindible adoptar una postura determinada, si bien es importante mantener la espalda recta. Según las prácticas, a veces se recomiendan diferentes posiciones. Así, en la exploración corporal o *body scan* se recomienda estar en posición horizontal o acostado. A pesar de lo anterior, a continuación se describirá una postura denominada «de 7 puntos» que favorece la experiencia de la meditación. Esta postura ha de adaptarse a nuestra condición física personal y nunca ha de forzarse. De hecho, lo más importante es entender y adoptar la actitud asociada a cada uno de los puntos que pasamos a detallar:

1. Columna
   - ¿Cómo? Derecha, siguiendo la curvatura natural. Este hecho es el único requerimiento que se considera necesario e importante.
   - ¿Por qué? Favorece una mente despierta y receptiva.
   - Actitud asociada: atención «despierta».
2. Barbilla y nuca
   - ¿Cómo? Estira la nuca y baja un poco la barbilla, como si un hilo tirara de la coronilla.
   - ¿Por qué? Ayuda a relajarse.
   - Actitud asociada: relajación.
3. Piernas
   - ¿Cómo? Sentados en la silla, sin cruzar las piernas, sentados en un cojín en el suelo con las piernas cruzadas o de rodillas en una banqueta de meditación.
   - ¿Por qué? Proporciona una base firme y nos mantiene en el aquí y en el ahora.
   - Actitud asociada: estabilidad.

4. Manos:
- ¿Cómo? Orienta las palmas hacia arriba, colocando los dedos de la derecha sobre los de la izquierda, y une ligeramente los pulgares. Apóyalas sobre el regazo. También puedes apoyar las manos sobre las rodillas.

- ¿Por qué? Ayuda a encontrar un estado de equilibrio, ni tenso ni laxo.
- Actitud asociada: equilibrio, ecuanimidad.

5. Torso y hombros:
- ¿Cómo? Hombros hacia atrás, permitiendo que se abra el pecho.
- ¿Por qué? Ayuda a un estado de apertura a la experiencia. Cultiva una autoestima sana, que evite extremos como el menosprecio, el sentimiento de inferioridad (encorvado) y el orgullo o la prepotencia (sacando pecho).
- Actitud asociada: apertura a la experiencia.

6. Boca
- ¿Cómo? La boca y la mandíbula han de estar relajadas. Apoya la lengua en el paladar, por detrás de los dientes superiores.
- ¿Por qué? Procura evitar la tensión. La posición de la lengua reduce la salivación.
- Actitud asociada: soltura.

7. Ojos

- ¿Cómo? Abiertos o entreabiertos. La mirada sigue la línea de la nariz para posarse a medio camino en el suelo, desenfocada, como abrazando el espacio.
- ¿Por qué? Previene la agitación mental y el sopor y favorece un estado consciente.
- Actitud asociada: conciencia, apertura, espaciosidad.

Como vemos, en la propia postura del cuerpo se intenta cultivar cualidades y actitudes positivas para el ser humano, como la atención despierta, la relajación, la estabilidad, el equilibrio o la ecuanimidad, soltura, apertura a la experiencia y a la conciencia. En el *mindfulness* se es consciente de la interrelación entre cuerpo y mente como un mismo sistema. Así se cultivan estas actitudes en los dos ámbitos para facilitar la integración.

LA SESIÓN DE PRÁCTICA

- *Duración:* adaptada a la capacidad, se comienza con unos 10-12 minutos (o el tiempo que resulte más cómodo), para ampliar este intervalo de manera gradual hasta los 24 minutos o más. Es importante no forzar.
- *Programa.* Partes de la sesión:
  - *Preparación:* comenzamos, por ejemplo, contando conscientemente 20 respiraciones. A continuación, somos conscientes de la actitud y motivación de la sesión: esto se sugiere para, por ejemplo, aumentar la propia calma y armonía y poder compartirlas con los demás.
  - *Práctica:* unos 5-10 minutos con fijación (por ejemplo, las sensaciones del cuerpo o *body scan;* o las sensaciones en el estómago al respirar; o en los sonidos), para posteriormente abrir el foco atencional a toda la experiencia presente (los 5 sentidos y la experiencia mental),

recordando el método (sin juzgar la experiencia y sin expectativas).

- *Finalización:* se sale sin prisa y se acaba con una aspiración positiva; por ejemplo, recordando la motivación inicial.

¿CUÁNDO PRACTICAR?

En principio, el mejor momento es a primera hora de la mañana, después de levantarse, ya que por la noche, después de la actividad diurna, es posible que la mente no esté receptiva. Pero si no es posible, se realiza cuando se pueda y se adapta la práctica a los horarios y al estilo de vida. Al principio se puede practicar con una grabación que sirva de guía; por ejemplo, la respiración o la exploración corporal; pero lo mejor es que, de manera progresiva, se haga sin guía, por uno mismo.

Es muy bueno mantener durante el día un estado de atención presente, parar y realizar breves sesiones de pocos minutos (te detienes y notas la postura del cuerpo, la respiración o los sonidos presentes, y continúas con tu rutina). Esta tendencia a «parar» refresca la presencia. Es necesario practicar de forma regular, a diario y con constancia, ya que la fuerza de «las inercias mentales» es intensa. El cambio y sus beneficios llegan si se es constante o por la familiaridad.

OBSTÁCULOS Y DIFICULTADES EN LA PRÁCTICA

Básicamente, nos encontramos con dos obstáculos para mantener la atención y la concentración: por una parte, la hiperactividad mental, que se experimenta en forma de agitación o distracción a causa de preocupaciones, recuerdos, anticipaciones, etc.; por otra parte, la falta de energía y claridad mental, que se manifiesta en forma de sopor y laxitud debido al cansancio. Para contrarrestarlo podemos utilizar algunos métodos:

– Agitación o distracción intensas:
  • Contar respiraciones (de 21 hacia atrás y volver a comenzar si nos perdemos o al acabar).
  • Incrementar la atención en el objeto; por ejemplo, con la respiración, que utilizamos como ancla.
  • Facilitar la concentración con pensamientos como: «ahora no me importa nada más», «solo me interesa aquello en lo que voy a meditar».
  • Aumentar la vigilancia para detectar cuándo nos perdemos.
– Agitación:
  • Modificar la postura, con la cabeza y la mirada más bajas.
  • Utilizar la espiración para soltar tensiones y preocupaciones.
– Sopor, sensación de sueño:
  • Levantar un poco la cabeza; abrir más los ojos y elevar la mirada.
  • Disminuir la temperatura ambiental o refrescarse.
  • Utilizar la inspiración para aumentar la energía y la atención.
– Reactividad:
  • Observar con ecuanimidad las sensaciones (sin preferencias, sin juicios).
  • No sucumbir a la tendencia automática de moverse, rascarse, etc.
  • Si es necesario, hacerlo de modo consciente.
– Resistencias:
  • Ante emociones aflictivas como aburrimiento, ansiedad, desidia y otras, hay que aplicar la aceptación y la ecuanimidad para no sucumbir a ellas. Es la única forma de que vayan desactivándose (soltarlas, dejarlas pasar desde la aceptación). Es decir, en la práctica surgirán experiencias (pensamientos y emociones especialmente) que nos pueden arrastrar (identificación o aferramiento). O

podemos «verlos» desde un estado consciente y soltarlos para «limpiarnos» de manera progresiva (disolviendo su lugar especial en la memoria de forma natural).

Es imprescindible resaltar que el *mindfulness,* entendido como filosofía y práctica de vida, integra el desarrollo de la armonía interna: la armonía en las relaciones (lo cual incluye el desarrollo de actitudes éticas) y la armonía con la «realidad» (que se comentará en los apartados «Interser» o «Transitoriedad», que trataremos más adelante).

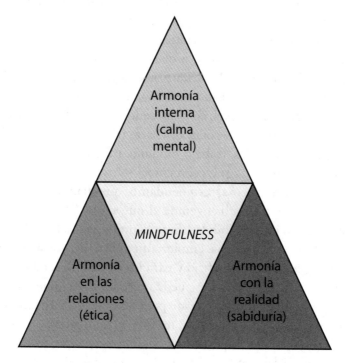

¿QUIERES PRACTICAR?

La presencia y la actitud con la que realizamos actividades cotidianas, con esta nueva mirada, es totalmente diferente. Por ejemplo, cuando limpiamos la casa, compramos, comemos o nos duchamos, aprendemos a estar presentes en la actividad, sin marcharnos a otro lugar mentalmente, hasta ser uno con esta. Así, presentes e integrados, cualquier actividad resulta satisfactoria; ahí está el disfrute de las pequeñas cosas.

En consecuencia, escoge alguna, realízala siendo consciente y con presencia, sin buscar nada más, con lentitud al principio, sin juzgar la experiencia y sin expectativas.

Incluso es posible añadir «conciencia y comprensión» a la actividad. Si estás comprando en el supermercado, sé consciente de tus movimientos, de los colores de la verdura, de los sonidos, etc. Al mismo tiempo, puedes «darte cuenta» de todas las personas que han sido necesarias para cultivar, transportar, cuidar, colocar y vender todos los productos, y de que tú te beneficias de esa colaboración, del esfuerzo y del trabajo. Siente alegría y gratitud por ello.

Puedes hacer lo mismo cuando te duches: siente el agua y la temperatura en la piel, con «presencia», y añade todo lo que ha sido necesario para poder ducharte (ríos, el mar, nubes, lagos, presas, albañiles, trabajo humano, tuberías de la casa...), siente satisfacción y agradecimiento.

De la misma forma, recomendamos que cuando te levantes por la mañana des la bienvenida al nuevo día. El Dalái Lama nos propone una posibilidad muy bonita y saludable: «Tengo una valiosa vida humana, empieza un nuevo día, voy a dedicar mi energía para mi beneficio y para los demás, abriendo el corazón». Esta motivación se puede trasladar a cualquier actividad que realices: preparo el café para disfrutarlo, pero también para que lo disfrute mi pareja, mi hijo, mi amiga, etc.

Muchos sabios en el arte de vivir refieren que lo importante no son las acciones que realizamos, sino el porqué y la motivación. Si esta motivación es buena y saludable, la acción también lo será.

Hagamos un repaso por algunas de las inspiradoras ideas del maestro Thích Nhất Hạnh (2012), fallecido recientemente:

- Al despertar:
  - «Me despierto por la mañana y sonrío. Tengo 24 horas. Me comprometo a vivir plenamente cada instante y mirar a todos los seres, incluido yo mismo, con los ojos del corazón, con la compasión».
- Al caminar:
  - «¡Caminar sobre la tierra es un milagro! Voy a permanecer en el presente con cada paso».
  - «Ya he llegado, estoy en casa. En el aquí y en el ahora soy libre. Me refugio en mí mismo, en el presente».
- Al comer:
  - «En este alimento observo la presencia de todo el universo que sostiene la existencia, también la mía. Como con gratitud y moderación, alimentando la motivación de obtener bienestar y poder compartirlo con los demás».
- Al compartir tiempo con alguien:
  - «Estoy aquí plenamente para ti».
- Al lavarse o ducharse:
  - «Este acto es como bañar a un bebé; en lo sencillo y cotidiano está lo más preciado».
- Al final del día:
  - «Acaba el día. Practicamos con diligencia, poniendo el corazón en lo que hacemos, viviendo cada instante con profundidad y libertad para que la vida tenga sentido».
- Al abrir el grifo:
  - «Fluye el agua desde las altas montañas. Recorre las profundidades de la tierra. Milagrosamente llega hasta nosotros. Siento un profundo agradecimiento».
- Al lavarse los dientes:
  - «Al lavarme los dientes y la boca, me comprometo a hablar con ternura y sinceridad. Cuando mi boca desprende el aroma de las buenas palabras, una flor se abre en mi corazón».

– Al meditar:
- «Al inspirar, soy consciente de la inspiración; al espirar, soy consciente de la espiración. Al inspirar, soy consciente del cuerpo; al espirar, sonrío al cuerpo. Al inspirar, me doy cuenta de las tensiones, de los dolores... Al espirar, me siento bien, me siento ligero».
- «La paz empieza en tu preciosa sonrisa».

Practica cada día una de las siguientes meditaciones (de modo alterno y familiarizándote con ellas hasta que puedas hacerlas sin guía y a tu propio ritmo):[1]

Atención consciente a la respiración: 🎧1
Esta práctica puedes hacerla sentado con la espalda recta; o también acostado. Entonces vas a parar un momento, vas a detenerte... Cierra los ojos y siente el lugar que ocupa el cuerpo en el espacio, en la habitación en la que te encuentras. Sin prisa, detente, siente... Notarás y serás consciente de algunas sensaciones en el cuerpo. Una de ellas es la sensación consciente de respirar. Quédate ahí, con interés y curiosidad, sigue la respiración. Sigue el movimiento del estómago y del pecho con la entrada y la salida del aire. Quédate ahí con paciencia e interés, sin interferir (sin juzgar la experiencia ni querer que sea otra), y verás su ritmo natural. Tan solo quédate en la respiración, sin forzar nada. Habrá distracciones, como es lógico. Con delicadeza, después de reconocer lo que te ha distraído, vuelve a la respiración y a su movimiento en el pecho y en el estómago; con interés y curiosidad, no te pierdas nada. También alégrate por dedicarle este tiempo/espacio a tu vida, a tu respiración, al presente.

---

1 Como complemento a este libro, los autores ponen a disposición de los lectores una serie de 17 pistas de audio para acompañar las prácticas expuestas. Todas las pistas aparecen numeradas junto al icono 🎧 y se pueden descargar de la ficha del libro en la página web de la editorial: www.herdereditorial.com/sigue-hacia-el-norte.

Para finalizar la práctica, recuerda la motivación por la que la haces, qué quieres conseguir con ella, sé sincero contigo mismo.

Evolución de la práctica:
Realízala todos los días, al principio solo durante 10 minutos. Cuando uno se habitúa, genera costumbre. Practica también en otros momentos del día, con breves paradas de 3-4 minutos, siendo consciente de la respiración para luego continuar con lo que estabas haciendo.

Atención consciente a las sensaciones corporales (exploración corporal o body scan): 🎧2
Al principio es preferible hacer esta práctica acostado y con la espalda apoyada. Por tanto, busca un lugar cómodo, con una temperatura agradable, y céntrate en el cuerpo. Siente el contacto de la espalda ahí donde esté apoyada; también el contacto de las piernas, los brazos, la cabeza. Poco a poco, sintiendo todo. Solo eso. Olvídate de lo demás, ahora solo importan las sensaciones del cuerpo. Con paciencia.

Nota que respiras, enfoca unos momentos en la respiración, siente cómo el estómago se hincha y deshincha con la entrada y salida del aire, nota las sensaciones del estómago con ese movimiento. Y después de unos momentos ahí, lleva el aire y la atención al pie derecho. Nota poco a poco las sensaciones en la planta del pie derecho, en los dedos, en el talón, el empeine. Y si algún pensamiento, recuerdo o preocupación te distrae, date cuenta y lleva la atención otra vez al pie derecho. Y sube poco a poco por el tobillo, luego el gemelo y después por la parte delantera del gemelo. Si en alguna parte no sientes, no notas, mantente ahí, no lo estás haciendo mal. No buscas experiencias, sino solo estar presente con tu atención en esa parte del cuerpo; sin juzgar lo que sientes y sin expectativas. Poco a poco llegas a la rodilla... sensaciones externas en la piel, internas... y sigues por la pierna derecha, la parte trasera apoyada en el sofá, la cama, la toalla, la esterilla. Ahora notas las sensaciones de toda la pierna derecha, sientes su «vitalidad», su «energía». Y llevas la atención al pie izquierdo y, con paciencia y sensibilidad, harás lo mismo en él empezando por los dedos... sin juzgar la experiencia y sin buscar nada, solo sentir. Si te distraes, vuelve a la pierna izquierda. Hasta que hayas explorado y sientas las dos piernas. Sigue por los glúteos, la espalda, vértebra a vértebra, sin prisa pero, al mismo tiempo, dando la misma importancia y atención a cada parte, aunque no sientas, aunque la sensación no sea agradable. Y llegas a los trapecios y al cuello. Es un punto donde a veces se acumula tensión, contracturas... Solo siéntelo, nótalo, no quieres cambiarlo, sino solo sentirlo con atención. Y continúas por la cabeza hasta llegar a la frente. Si notas tensión, sé consciente, ábrete a ella. Luego cara, ojos, pómulos, boca... otra vez el cuello. Y vas a dirigir tu atención al trapecio derecho, al hombro derecho, brazo, codo, antebrazo, muñeca derecha, mano, dedos de la mano. Puede aparecer un pensamiento: «¿Porqué hacer esto? ¡Qué aburrido!». No hagas caso, mantén tu atención tranquila en la mano derecha. Observa el hombro izquierdo y sigue el mismo proceso. Después continúa por el pecho, nota cómo se mueve, la boca del estómago, el estómago... hasta llegar a la zona genital. Has recorrido con tu atención todo tu cuerpo, siéntelo en su totalidad, nota su presencia, su vitalidad. Dedícale tu atención, tu cuidado y este momento de presencia plena en él, con afecto y agradecimiento. Y te recompensará con su relajación, calma, presencia y vitalidad.

Observa que, si haces esta práctica con frecuencia, podrás encontrar un refugio donde recuperar la calma cuando la necesites, TU CUERPO.

Atención consciente a los sonidos: 🎧3
Haz 7 respiraciones lentas y profundas, después deja que la respiración siga su ritmo natural, sin interferir.

Sigue la respiración durante 2-3 minutos, con humildad (permite que sea como es) y paciencia (que siga poco a poco su proceso, no el tuyo). Entonces, sin perder el contacto con la respiración, sé también consciente de los sonidos y ruidos (una parte de la atención está en las respiración y otra en los sonidos), sin localizarlos, sin nombrarlos. Solo siéntelos, escúchalos en el presente. Si te distraes, es normal; con alegría, por darte cuenta, vuelve a los sonidos y permite que entren en ti. Escúchalos con todo el cuerpo, que los oiga cada célula, hasta que solo sean sonidos; escucha solo los sonidos. Para finalizar la práctica, recuerda por qué la realizas.

EL MÉTODO CREE 🎧4

Cuando te sientes ansioso, triste, enfadado, o simplemente quieres prepararte para cuando esto ocurra, puedes aplicar este ejercicio de autocuidado, denominado «CREE» por sus siglas:

Conecta: conecta con el cuerpo, con el espacio que ocupa, con la postura, con las sensaciones…; conecta contigo en el cuerpo. Olvida por tanto el contenido mental.

Respira: conecta solo con la respiración, sé consciente de la inspiración y de la espiración, con interés, curiosidad, durante todo su recorrido, sin expectativas y sin interferir en su ritmo ni en su proceso.

Expande: abre la atención al cuerpo como totalidad, a los sonidos, a cualquier experiencia, con amplitud, apertura y espaciosidad.

Espera: mantente ahí en la espaciosidad, en la libertad que produce, tanto como puedas.

Aprende a creer y a confiar en ti, en los demás, en el potencial de crecimiento del ser humano; este es el significado esencial de la meditación.

HONESTIDAD

Me refiero a la política genuina, a la política de verdad, la que merece este nombre; esta es la única política a la que me quiero dedicar. Se trata simplemente de servir a los que me rodean: servir a la sociedad y a las generaciones futuras. Las raíces más profundas son morales, porque es una responsabilidad expresada a través de la acción conjunta de la humanidad.

Václav Havel

La tradición cultural no se basa fundamentalmente en la transmisión de cierto grado de conocimiento, sino en unos determinados rasgos humanos. Si las generaciones futuras no se dan cuenta de estos rasgos, se derribará una cultura de cinco mil años

Erich Fromm

Entre las primeras actitudes que hemos comentado en el capítulo «Hola» están la honestidad y la autenticidad, que en general son de las que valoramos como más positivas. Lo que menos toleramos es el engaño y la mentira, utilizados con una intención dudosa.

La política, una de las profesiones que podría estar mejor considerada en la actualidad, no lo está debido a la falta de honestidad, tanto en lo que se muestra como en lo que se percibe. La política bien entendida procura el bien común, pero una serie, posiblemente pequeña, de políticos no ha sido honesta y la ha desvirtuado. Es necesario diferenciar, sin embargo, entre la profesión en sí y las diversas actuaciones nada honestas que han llevado a cabo bastantes políticos, que ahora se dan a conocer y que han sido ejecutadas para su propio bienestar o el de familiares y amigos, y no para el bien común.

La honestidad es lo que queda cuando somos humildes, no queremos ser diferentes o especiales o no nos esforzamos en aparentar ni en agradar. Es lo que queda cuando decimos lo que queremos con claridad, simplicidad, naturalidad y verdad. La honestidad funciona en doble sentido: con los «otros», pero también con uno mismo, en sintonía con las actitudes éticas y sin estar influida por las opiniones ajenas. Los beneficios de la honestidad son claros: relación armónica y auténtica con uno mismo y con los demás. Además, crea paz interior y felicidad interior, que es nuestro estado natural.

La honestidad, la autenticidad y la naturalidad surgen y se propician cuando una persona es plenamente consciente de que su estado actual y pasado presenta una gran «abundancia», cuando es consciente de que durante toda la vida, y también ahora, todo lo que tiene, sabe o necesita se debe a la ayuda, colaboración, esfuerzo e incluso sufrimiento de otros seres humanos y de otros seres vivos. Y de que en todo momento sigue recibiendo de forma gratuita. Es decir, hay una gran ONG universal que nos sostiene y nos beneficia. Estamos vivos gracias a otros; nos alimentamos, respiramos, nos vestimos, nos movemos... gracias a otros.

De la misma forma, la mezquindad, el engaño, la manipulación o la mentira parten, en origen, de un sentimiento de carencia, de insatisfacción y de «egoísmo» que desconoce por completo la auténtica realidad, que es de abundancia. Y trata de compensar la sensación de carencia con objetos materiales o no materiales (relaciones) que solo agrandan la insatisfacción interna, ya que no tienen la capacidad de compensarla.

¿QUIERES PRACTICAR?

Práctica sobre la honestidad

1. Decide dedicar un tiempo a la práctica. Ponte en actitud de meditación, con la espalda recta; toma conciencia de tu respiración y deja que la mente suelte los pensamientos que la ocupan para que vaya observándose, sin juicio y desde la serenidad.
2. Piensa en una o varias situaciones en las que estés interactuando con los demás.
3. Reflexiona y observa si eres sincero contigo mismo y con los que te rodean, si te muestras desde tu autenticidad, desde tu fondo. Observa en qué aspectos sí lo eres y en cuáles no.
4. Asimismo, observa si adoptas un papel concreto. Si te dejas condicionar por las expectativas de los demás, si tienes miedo o desconfianza o si no eres natural, relajado o espontáneo.
5. Date un tiempo para imaginarte en estas situaciones siendo espontáneo y auténtico para expresar tu interior. Observa cómo eres, desarrolla una actitud de cariño y amabilidad hacia ti mismo.
6. Toma la determinación de mantener el contacto con tu interior, de tomar las medidas que te permitan estar alineado contigo mismo y que, en consecuencia, quizá te posibiliten estar más alineado con los demás.

Reflexión sobre la responsabilidad de forma honesta

Recrea una situación en la que consideres que los demás son los culpables de que no te vaya «bien» o como tú quieres.

1. Reflexiona sobre el hecho de que culpabilizar totalmente a los demás no es un modo honesto, «realista», efectivo ni hábil de enfrentarse a las situaciones.
2. Medita sobre la importancia de asumir la parte de responsabilidad que nos corresponde en nuestra actuación. Hemos de recordar que somos corresponsables de lo que nos ocurre. Transferir a otros, o a las circunstancias, el cien por cien de la culpabilidad de nuestros estados negativos no nos ayuda, ni es una buena forma de encararlos.
3. Enfoca la situación inicial y distingue qué cuota de responsabilidad es tuya y qué cuota o proporción corresponde a otras personas u otras circunstancias.
4. Toma conciencia de tus responsabilidades de forma que puedas aprender y fomentar tus potencialidades y reorientarte para conseguir una mayor armonía interna.

Meditación de la responsabilidad honesta 🎧 5

¿Cómo hacernos responsables de nuestras emociones y errores sin culparnos o sin culpar a los demás? Aceptando que somos frágiles y vulnerables como seres vivos. Solo la comprensión y la ternura pueden generar una responsabilidad saludable.

Así que concéntrate en la respiración, sé consciente de ella con curiosidad, interés, incluso con afecto, durante unos minutos.

Trae a este momento cualquier preocupación pasada o presente, con la implicación, o no, de otras personas. Seguramente tras esa preocupación surgirán pensamientos, emociones... y «dolor-sufrimiento». Ahí tu responsabilidad consiste en cuidarte de él, como si fuese un niño que llora, que tiene miedo, que sufre, pues realmente lo es.

Observa cómo esa preocupación en forma de «pensamientos-emociones» se manifiesta en el cuerpo. ¿Notas sensaciones de tensión en el pecho, en la garganta, la barriga, etc.? ¿Te sientes ansioso, triste o enfadado? Enfoca la respiración en esas partes del cuerpo y, al inspirar reconociendo su dolor (las partes del cuerpo), lleva el aire/oxígeno allí para cuidarlas, «abrazarlas», «acariciarlas». Suelta cualquier deseo de que no estén (las sensaciones desagradables) y dedícate solo a cuidarlas, acompañarlas, sostenerlas con afecto, ternura, comprensión, porque «lloran». Al soltar el aire, suelta también la «autocrítica», el juicio a uno mismo o a los demás, y dedícate solo a cuidar con ternura el dolor en el cuerpo y en la mente (emociones).

El obstáculo para la responsabilidad saludable son los pensamientos de «culpa» o de «juicio» sobre uno mismo, o la «rabia» y el «resentimiento» hacia los demás. Si los tienes, reconócelos, no los «reprimas» por ser malos. Tampoco reacciones a ellos para no sentirlos. Dedícate solo a cuidar del dolor, de la misma forma que una madre cuidaría del dolor de su bebé: abrazándolo, acariciándolo, acogiéndolo, sin culparlo y sin juzgarlo.

SÍ

¿Quién no querría sentirse seguro/a y calmado/a frente a las dificultades? ¿No sentirse aislado/a, solo/a, y contribuir, aunque sea indirectamente, a la felicidad y el bienestar de los demás? ¿Pro porcionar un medio en que nosotros, aquellos que apreciamos y todas las generaciones que puedan venir puedan prosperar?

Yongey Mingyur Rinpoche

¡Sí! A la apertura, a la libertad, a la valentía, a defender con fortaleza lo que es beneficioso para mí y para los demás; a agradecer lo merecido, porque lo que se reconoce se potencia. ¡Sí! A la dignidad sentida interiormente y expresada por cada cual; a la claridad, a la sinceridad, a la amplitud de perspectiva, a abrir el corazón a los demás, a la salud, a la satisfacción en cada paso.

¡Sí! A la fortaleza y a la capacidad de recuperación, para volver a levantarnos cuando caemos o nos equivocamos; a la reparación emocional, al potencial de recuperación del ser humano y al fomento de emociones adaptativas. Es la capacidad más necesaria para afrontar y prevenir el mal del siglo XXI: la depresión.

¡Sí! A la libertad de escoger, siendo conscientes no desde los automatismos egocéntricos, sino desarrollando una mente libre y sabia.

¡Sí! Al trato amable, al afecto y a la empatía auténtica con uno mismo, a la propia dignidad y a la dignidad de los demás. ¡Sí! A no crearse preocupaciones. «Crearse», decimos, ya que la mayoría de ellas son futuras, son imaginación. Todo lo que nos ocurre acaba siendo «pasado» con el paso del tiempo. Por tanto, ¿le damos la importancia adecuada? La visión del paso del tiempo, la transitoriedad de todo otorga a las experiencias humanas el valor (relativo) que tienen. Muchas personas que acuden al psicólogo querrían preocuparse menos; quizá todos los seres humanos nos preocupamos en exceso. Es muy útil darse cuenta de que todos los problemas son experiencias mentales, basadas en recuerdos y en anticipaciones, es decir, en «humo». También es verdad que el ser humano crea «problemas» al interpretar los procesos dolorosos de la propia vida como pérdidas, dolor físico, enfermedades, envejecimiento, miedo, tristeza, enfado... No obstante, es «humo»; es la aversión, la resistencia al propio dolor de la vida lo que fabrica estos problemas, no el propio vivir.

En definitiva, para no «crear» problemas, el ser humano tiene que aprender a aceptar el propio dolor de la vida. «Aprender» con mayúsculas (comprender intelectual y «vivencialmente»): esta es la mente sabia a la que nos referíamos con anterioridad. Así se acepta el (inevitable) dolor de la vida y se diluye el sufrimiento, elaborado por nosotros con las interpretaciones, los juicios, la evitación, el recuerdo (del pasado) o la anticipación (del futuro).

Sorprendentemente, es entonces cuando se vive en «paz» la enfermedad o la vejez, cuando se agradece la ayuda, se entiende lo vulnerables que somos, las pérdidas que vivimos... Todos lo padecemos. Cuando no se acepta la «vida», nunca se encuentra la verdadera fortaleza en ella. Así, solo hay dos posibilidades: aceptamos la vida y con ello la «muerte» (dolor, pérdida); o nos resistimos a la vida, y vivimos con miedo, infelices, y sufrimos.

Este es el norte al que nos referimos en el título de este libro, el faro que nos guía... Y deseamos mantenernos guiados por él, sin desviarnos, siguiendo en la dirección adecuada. Burrhus F. Skinner (1971), psicólogo estadounidense que defendió el denominado «conductismo», manifestó la importancia del refuerzo y el castigo en el aprendizaje. El primero provoca que aumente un comportamiento cuando se presenta dicho refuerzo; por ejemplo, un premio, dinero, títulos o reconocimiento por parte de uno mismo o en el ámbito social. El segundo sería justo lo contrario, ya que es un estímulo aversivo que, cuando se presenta, disminuye la probabilidad de que se dé un comportamiento; por ejemplo, dar a uno mismo o a otra persona una reprimenda, afear el comportamiento ante otro o quitar puntos del carné de conducir. A nuestro alrededor existe un elevado número de refuerzos y de castigos, si nos damos cuenta; todo tiene antecedentes y consecuentes que facilitan o dificultan hechos y comportamientos en una cadena interminable de eventos. Afortunadamente, los refuerzos y castigos son individualizados, personales, y solo aumentan o disminuyen las probabilidades de que se den ciertas conductas, ya que el criterio, la voluntad y la libertad se han ensalzado desde siempre a lo largo de los tiempos.

Cada uno de nosotros premia o castiga muchos comportamientos, tanto nuestros como de los demás, con conciencia o no. ¡Sí! A poder reforzar lo adecuado, lo que ayuda, lo que hace crecer. Skinner también describió un aspecto muy importante de cómo funciona esto: cuando deseamos que un comportamiento disminuya, es mejor buscar una conducta alternativa que crezca, ya que al aumentar los comportamientos positivos disminuyen los no deseados espontáneamente con el tiempo. Esta técnica, llamada «refuerzo de comportamientos alternativos», puede utilizarse siempre y cuando la conducta que hay que reducir no sea peligrosa para uno mismo o para el entorno. Este punto de vista es crucial: tenemos la mirada en lo que puede crecer; por tanto, la atención no solo está centrada en lo inadecuado, sino en lo que puede llegar a ser enriquecedor. Teniendo en cuenta que la atención social es un poderoso refuerzo, si se centra en lo que puede crecer hace que estos aspectos aumenten. La expectativa positiva y el refuerzo favorecen que las personas podamos desarrollar nuestras capacidades. El conocido «efecto Pigmalión» consiste en determinar cómo las expectativas de los docentes pueden influir en el rendimiento de sus alumnos: al esperar que consigan un objetivo, es mucho más probable que aumenten sus competencias. Recordemos que resulta más fácil ganar en tu campo de fútbol, apoyado por los seguidores, aunque las capacidades «objetivas» sean las mismas...

Este principio, tener una mirada apreciativa centrada en las capacidades, también se da en las emociones aflictivas y en las actitudes que pueden compensarlas. Por ejemplo, si desarrollamos nuestra paciencia disminuye el enfado o la rabia; si generamos empatía disminuye la intolerancia al otro. Asimismo, si potenciamos la alegría, la autocompasión y la compasión por los demás, disminuye el miedo; si nos sentimos «humanos», la tristeza se vive con aceptación. Si, además, nos sentimos «humanos dignos y nos apreciamos», la tristeza se vive con «cuidado y afecto» y nos enriquece, nos hace madurar.

¿QUIERES PRACTICAR?

Meditación del «sí» 🎧6

La finalidad de esta práctica es generar la actitud adecuada para dar la bienvenida a cualquier experiencia humana, sea agradable o no.

1. El primer paso por tanto es la «aceptación».
2. El segundo, es el amor. No solo digo «sí», y me abro a la experiencia, sino que la acojo como si fuera mi elección

Por tanto, siéntate y «suéltate» en la silla. Nota la postura, el contacto con la silla, y ábrete a la experiencia en el cuerpo: a sus sensaciones de contacto, a la temperatura… Da la bienvenida a cualquier sensación que aparezca, dale el «sí». Si ves que te distraes, reconócelo (muchas veces esto es un «no» a la experiencia) y vuelve con apertura al cuerpo y a sus sensaciones. Ábrete también a la respiración y «suéltate» en ella. Dedica unos minutos a ello.

Amplía la apertura a los sonidos, ruidos interiores y exteriores, y dales la bienvenida.

Acoge también, en este momento, las imágenes, los sabores, los olores… hasta que le des la bienvenida a toda experiencia corporal; luego mantente unos minutos en ella.

Ahora acoge y ábrete a la experiencia mental, a los pensamientos, a las emociones, al estado afectivo, a los recuerdos, a preocupaciones futuras, y aprende a darle la bienvenida a todo. Suelta cualquier deseo que sea diferente, aunque resulte desagradable. Experimenta con ello.

Finalmente, ábrete, acoge y da la bienvenida a cualquier experiencia que tengas, corporal o mental. Abre el foco atencional a todo; abre la puerta de tu hogar a cualquier vecino o visitante…

Sabemos que no es fácil. Estamos acostumbrados a aceptar, a acoger a los visitantes «agradables» y a decir «no» a los incómodos. Ahora voy a recibirlos a todos. Experimenta diferentes días con esta propuesta.

El siguiente paso sería: no solo voy acogiendo, me abro y doy el «sí» a las sensaciones táctiles, los olores, los sabores, las imágenes, los sonidos y ruidos, los pensamientos y recuerdos, las preocupaciones, historias o emociones, sino que los acojo, los recibo con alegría, con afecto, con aprecio, con ternura y con amor, como si los hubiera escogido, como si todo visitante que llegara a mi casa fuese recibido como mi mejor amigo.

VALENTÍA

En la raíz de toda guerra está el miedo.

Thomas Merton

¡Sí a la valentía!, que nos permite actuar con determinación, sentir y pensar de acuerdo con nuestra ética, a pesar de los obstáculos, para poder abrir el corazón tanto a las alegrías como a las tristezas, al placer y al dolor, a ganar y a perder, a recibir elogios y críticas en la salud y en la enfermedad, en el error y en el acierto. Porque la valentía no está en lo que nos ocurre, sino en nuestra relación con lo que sucede.

Así, cuando tememos alguna actividad, situación, a algún animal, etc., lo que lo compensa es enfrentarse a todo ello, exponerse al miedo. Puede ser de forma paulatina, jerarquizada (a modo de exposición gradual), no de repente, sino por pasos pactados; o de forma brusca e intensa (inundación o implosión), siempre mejor con la ayuda de un profesional. Que sea de uno u otro modo (gradual o brusco) dependerá de cómo la persona pueda superar el miedo y de la urgencia que tenga para ello, así como de la motivación para afrontarlo, que es el aspecto más fundamental. Muchos de aquellos que vienen a la consulta para superar un miedo, lo hacen con la motivación de no perjudicar o influir a sus hijos o personas cercanas, así como por el sufrimiento que les comporta. En cualquier caso, en el proceso de superar un miedo (por ejemplo, a hablar en público, a los insectos, a los perros, a salir solo a la calle, a las aglomeraciones, etc.), suele tener lugar otro paralelo de conocimiento de uno mismo y de «reeducación». Muchas personas que han superado fobias refieren que ha sido una experiencia a menudo difícil, pero que las ha ayudado a crecer y que la vivencia global es, por tanto, constructiva y enriquecedora. El miedo nunca se da en estado «puro», sino dentro de un contexto familiar y social, con una forma de sentir, percibir y entender la realidad y en un individuo con unas características de personalidad, lo cual, con frecuencia, se convierte en aspectos importantes que conviene trabajar. Así, por ejemplo, la tendencia a evitar de manera compulsiva todo tipo de situaciones que se vivan como dolorosas o desagradables (en el nivel de comportamiento, pero también en el mental, de pensamientos o emociones), así como a depender en exceso de la opinión o agrado de los demás, se convierte en el caballo de batalla desde donde se pueden trabajar los propios miedos.

De la misma forma, como hay evitaciones de ciertos comportamientos o situaciones, también hay verdaderas «fobias emocionales» o aversión a experimentar determinadas emociones. El modo en que se pueden gestionar es, igualmente, afrontándolas (viviéndolas sin aversión). Así es como se pueden atender y sanar las emociones, no evitándolas o reaccionando compulsivamente ante ellas. Y, sobre todo, siempre hay que dirigir el aprendizaje vivencial hacia una alternativa saludable para posteriores ocasiones.

Por tanto, no es aconsejable la evitación emocional. Precisamente, la filosofía de uno de los métodos psicoterapéuticos, la intención paradójica, es como sigue: si vivimos lo que no queremos que ocurra (aunque sea de manera involuntaria) se facilitará la aceptación y, con ello, se superará la aversión o resistencia. Como hacemos el proceso contrario, intentamos controlar que no suceda lo que tememos; esta estrategia es altamente contraproducente, porque, como decía Viktor Frankl (2015), creador de la logoterapia (método psicoterapéutico que se basa en la voluntad de encontrar el sentido), se promueve que la profecía ocurra. Por ejemplo, si algún día tememos no poder conciliar el sueño, cuando intentemos dormirnos encontraremos exactamente el efecto contrario, esto es, la tensión que impide el sueño. Cuando no se lucha y se permiten muchos de los síntomas, como por ejemplo la ansiedad, estos disminuyen. Por tanto, si se acepta cualquier experiencia emocional, sin reprimirla ni dramatizarla, se calmará por sí misma. La valentía es el lugar desde donde realmente se puede responder. Con miedo no se decide; simplemente se reacciona. Con las compulsiones o los comportamientos repetitivos realizados desde la obsesión (el miedo a un pensamiento), la capacidad de decidir queda dañada: la obligación estricta y sistemática ahoga la libertad y la capacidad de decidir. Algunos ejemplos pueden ser la limpieza excesiva del entorno o de uno mismo, la necesidad de un orden hiperestricto o ir al médico ante cualquier malestar físico que se sienta. Llega un momento en que estas compulsiones son más importantes que la vinculación emocional, la generosidad o el amor a los seres cercanos y a uno mismo, y se pierde la priorización de la ética y la libertad de elección.

La cultura del miedo, que es la que impera en la actualidad, nos lleva a alejarnos de los demás, a percibirlos como «enemigos», escribiendo el guión desde la perspectiva de ser nosotros los protagonistas, como afirma Beck (2003), un conocido psiquiatra. Es necesario, pues, aplicar una gran dosis de valentía para acercarnos a la comprensión de la visión de los demás.

Si el miedo, que dentro de cierto margen es protector y por tanto una expresión del cuidado a uno mismo, en exceso es claramente bloqueante, empobrecedor y limitante, si no es consciente siempre nos lleva a tener reacciones que intentan contrarrestarlo; por ejemplo, nos puede llevar a evitar, y no ver, la «realidad» que tenemos delante, es decir, a la desadaptación.

También nos conduce a repetir reacciones, buscando compulsivamente la seguridad, y así nos cerramos a nuevos horizontes y vivencias. Asimismo, podemos repetir pensamientos para intentar solucionar o cambiar el pasado, hecho claramente imposible, puesto que el pasado ya ha ocurrido. El miedo y la repetición de patrones tienen un sentido si se aplican a la supervivencia física, pero no al buen vivir. De este modo, con frecuencia el remedio es peor que la «enfermedad» y perpetúa esta e incluso la agrava.

El miedo también puede llevarnos a buscar la aprobación de los demás de forma sistemática; o al perfeccionismo, lo que debilita los aprendizajes paulatinos reales y posibles. Asimismo, el miedo puede abocar al aislamiento y a la soledad no escogidos. En nombre de la seguridad, podemos obsesionarnos en pensamientos futuros con una necesidad de control enfermiza. Todas estas tendencias pueden ser adaptativas dentro de un margen, pero si son rígidas y sistemáticas resultan claramente perjudiciales. En la actualidad, la presencia (en lugar de la evitación y de anticipar el futuro en exceso), la adaptación a lo nuevo (en lugar de centrarse en la repetición del pasado), el desarrollo ético interno (en lugar de la aprobación externa) y la aceptación con humildad y con humanidad de los errores y de los aprendizajes progresivos (en lugar del perfeccionismo), así como el sentimiento de comunidad y una estrecha interrelación con todas las personas, e incluso con otros seres vivos, es lo que nos lleva a la felicidad, a la «abundancia», a la plenitud que todos «buscamos» y, por tanto, a la superación del miedo.

También queremos hablar de otro tipo de valentía, sin la cual se obstaculiza el crecimiento y el aprendizaje. Y depende de cómo afrontemos el conflicto. La tendencia habitual, cuando entramos en conflicto, o sea, cuando se tambalea nuestra forma de pensar o de creer en nosotros, el mundo o nuestro sistemas de creencias, es rechazarlo para volver a «estar bien», para mitigar la inquietud que provoca. Es lo que, en psicología, se denomina «disonancia cognitiva» y tiene un gran efecto emocional; por ello, habitualmente se reprime. Esta represión o negación supone un gran obstáculo para el crecimiento y para la evolución personal y colectiva. Aquí la valentía se caracteriza por poder tolerar la inquietud que aquella provoca y poder reflexionar internamente con paciencia sobre si lo que entra en conflicto es revalorable. O sea, cambia la forma en que nos vemos, en que vemos a los demás o al mundo. Cuando contraemos una enfermedad grave o crónica, se produce una pérdida, un daño ajeno, etc., y muchas veces sentimos ese conflicto. Es un momento de aprendizaje, de evolución, aunque solo para los valientes, para quienes no son conformistas, para los que anteponen la evolución y el crecimiento a estar bien o seguros.

¿QUIERES PRACTICAR?

La práctica con conciencia plena puede ser tanto con los ojos abiertos como cerrados, como se ha dicho en capítulos anteriores. De hecho, la primera opción ayuda a tener una actitud abierta y amplia, en especial si miras a un lugar donde el espacio esté abierto. Pero la actitud es lo crucial.

Empieza con unos pocos minutos al día y ve ampliando el tiempo. La meditación es el más paradójico de todos los métodos: te orienta a vivir con valentía, con libertad, a experimentar con conciencia... a vivir la vida con todos sus colores, sin interferir, sin querer conseguir nada, de forma natural. Curiosamente, esta práctica es la más sencilla, la más rica y la más difícil a la vez debido a la sencillez y la naturalidad, a las que, paradójicamente, no estamos acostumbrados.

También es importante comprender que todos tenemos el potencial de ser valientes. Es un potencial humano que hemos heredado. Y esa herencia es la capacidad de afrontar y a veces vivir las mayores dificultades y superarlas, e incluso madurar con ellas. Pero también es verdad que hemos heredado la tendencia contraria. Así pues, ¿qué queremos?, ¿qué decidimos?, ¿qué elegimos?: ¿buscar la seguridad y, con ello, vivir con miedo o soltar esa «ilusión» y aceptar lo que ocurre? Ahí está el *quid*. Te recomendamos que te hagas esa pregunta.

Meditación de la valentía para afrontar el miedo 🎧 7

Primer paso:

Antes de afrontar nada, nos calmamos, nos «aquietamos», y para ello siempre nos paramos en el presente «corporal». Pon toda tu atención en la postura del cuerpo, en el espacio que este ocupa, y siéntelo. Nota las sensaciones de contacto con la silla si estás sentado en ella, en el sofá o en la cama, e incluso en la planta de los pies si estás de pie unos instantes.

Ahora, como si fueras un «montacargas o un ascensor», fíjate en la planta de los pies y nota las sensaciones sin juzgar la experiencia, con apertura; ve subiendo poco a poco por los pies, las piernas, el tronco…; nota las sensaciones externas de la piel, las sensaciones internas que hay en un cuerpo vivo (calor, temperatura, hormigueo) hasta llegar a la cabeza.

Ahora sé consciente de la respiración de todo el cuerpo; siente cómo el oxígeno que entra llega a todas las células, a todos los órganos, a todos los músculos. Y permite que ese oxígeno calme tu cuerpo y tu mente.

Segundo paso:

Trae a este momento algún miedo que padezcas: a insectos, a personas, a algún lugar, a algún recuerdo pasado, a alguna enfermedad, miedo físico, miedo a perder algo o a alguien…

Cuando lo sientas, olvídate de su contenido y céntrate en el cuerpo, en la tensión o el dolor que este produce en él; entonces puedes decirte: «esto duele, lo siento y no me aparto del dolor». Respira con él, permítete sentirlo (es una acto de valentía).

Recuerda que sea lo que sea aquello a lo que tienes miedo, lo compartes con miles, con millones e incluso con todos los seres humanos. Por ello, no solo se trata de tu dolor o tu miedo, sino de un miedo o dolor «humano». Siéntelo como algo digno por su cualidad humana; hónralo, porque no estás solo con ello, sino que lo compartes, lo sientes porque eres humano, no es ningún fallo ni un error, es tu humanidad. Vive con dignidad tu humanidad, la vulnerabilidad humana.

Tercer paso:

Que tú y todas las personas, incluso los seres vivos que sienten este dolor o que sienten miedo, podáis vivirlo con dignidad, con valentía. Que podáis comprenderos y comprenderlo, que no os juzguéis, que no os critiquéis, que os tratéis de manera digna y que sepáis cuidar de vuestro dolor, de vuestro miedo.

Cuando conozcas esta práctica (y estés familiarizado con ella), aprenderás tres frases valientes y cortas que podrán ayudarte a superar un momento de miedo u otra emoción aflictiva en el mismo instante de sentirla:

1. Esto duele.
2. El dolor forma parte de toda vida.
3. Merezco tratarme con cariño, con afecto.

NO

Para percibir el mundo de forma distinta, debe-
mos estar dispuestos a cambiar nuestro sistema
de creencias, dejar pasar el pasado, expandir
nuestro sentido del ahora y disolver el miedo de
nuestras mentes.

William James

La ansiedad es querer lo que no tienes y no
querer lo que tienes

Mari

La asunción de la realidad de nuestras limitaciones o defectos (etimológicamente, «lo que falta por llenar»), de la vida limitada y breve, hace que tengamos que decidir. Y decidir es saber renunciar, ya que no decidir resulta imposible. Por tanto, es importante poner límites a lo que nos perjudica y a lo que perjudica a los demás. ¡Saber decir «no» a la manipulación! Esto es la coerción de nuestra libertad.

¡No! A perjudicarnos a nosotros mismos, ya que podemos ser nuestros mejores amigos, actuar en ocasiones y sentir de manera muy diferente, evitando perjudicar a los demás.

¡No! A querer que todo nos venga de cara, a pensar que en la vida no debe haber dificultades y que todo se solucionará mágica y rápidamente. La vida tiene todos los colores, los que nos gustan y los que no, y es vital no perder energía deseando que sea llana y fácil. En las dificultades y en la tolerancia a la frustración es donde iremos haciéndonos fuertes y tendremos una visión más rica y amplia.

¡No! A estar atentos solo a lo que no funciona. Esta tendencia es una estrategia de alarma o supervivencia enfocada en el futuro y nos aleja de la visión amplia de la realidad. Solemos distorsionar nuestra realidad viendo aspectos mucho menos intensos o magnificándolos, tal y como afirmó Beck (1990), así como teñir la realidad del color que vemos en ese momento.

Es relevante practicar una visión clara, abierta, «limpia» de prejuicios y de puntos de vista extremos. Según percibimos viviremos la realidad. Recordemos que todo lo que experimentamos es una experiencia mental y, por tanto, no es separable.

Hay emociones, cogniciones y actitudes inadecuadas que perturban la paz y la armonía que buscamos, como el deseo compulsivo, la envidia, la codicia o la rabia. Cuando las experimentamos, es necesario que nos demos cuenta para desarrollar los «antídotos» pertinentes, es decir, la renuncia, la alegría hacia los demás, el sentimiento de «abundancia», la paciencia, el agradecimiento, el amor y la compasión.

¿QUIERES PRACTICAR?

Reflexión sobre lo que no queremos y lo que queremos

1. Reserva este momento para realizar la meditación.
2. Reflexiona sobre lo que no quieres en tu vida. Pueden ser aspectos externos y/o internos. Algunos serán evitables, mientras que otros no podrán serlo.

3. Pon la atención en una de las posibles situaciones inevitables que no quieres. Recrea en tu imaginación cómo podrías vivirla.

4. Desarrolla una actitud de aceptación y presta atención a las ventajas de los aprendizajes que puedes obtener de ello.

5. Concreta qué quieres aumentar y qué contrarresta lo que quieres disminuir (recuerda que *defecto* significa «lo que falta por llenar») y cómo lo harás.

6. Vuelve a concentrarte en aquello a lo que quieres decir «¡no!», tanto de ti mismo como de los demás y, con tolerancia, camina en la dirección adecuada.

Meditación del «no» 🎧 8

Antes de ello, recuerda que el sufrimiento humano siempre es fruto de un NO. Si no lo sabemos no podemos liberarnos de ese sufrimiento.

Dedica unos minutos a calmarte en el presente. Nota que respiras y pon toda tu atención, toda tu curiosidad e interés en la respiración presente. Cuando entra el aire sé consciente de su entrada; cuando sale sé consciente de su salida.

- Cuando entra el aire di un «sí» a un nuevo oxígeno; cuando sale di un «sí» a soltar lo viejo, lo pasado, lo tóxico.
- Cuando entra el aire, sonríe al mundo al que te abres; cuando sale, sonríe a lo que se va, termina.
- Dedica unos minutos a ello...

Trae al presente algo que te haga sufrir, rumiar, algo que te preocupe estos días: ¿la posibilidad de enfermar?, ¿un asunto laboral o económico?, ¿una relación difícil? Investiga a qué estás diciendo «NO», lo que no quieres aceptar o vivir ahora. A veces cuesta «encontrarlo», se esconde, rehúye ser visto, pero, si eres paciente, poco a poco lo detectarás. Recuerda que has de observar y mirar siempre con cariño y afecto, sin críticas ni frustraciones. Y si estas surgen, representa en sí mismo un «no» a tu persona; suéltalo, porque todos tenemos «noes», nadie se libra. Así, con respeto pero con interés, busca ese NO a la experiencia presente.

- ¿A qué tienes aversión? ¿Qué es lo que no quieres en tu vida?
- O ¿a qué te aferras y temes perder?

Investiga, mira con cariño y, si lo encuentras, respira con ello, dale la bienvenida con la entrada del aire y suéltalo con su salida. Aprende a SOLTAR poco a poco ese NO, esa aversión o aferramiento, con paciencia pero con voluntad. Si lo haces te librarás de lo que te ata, esto es, del sufrimiento.

- No es fácil al principio, pero con paciencia se aprende.
- Acepta, di «sí», da la bienvenida a lo que queda al soltar ese NO (¿una enfermedad?, ¿una pérdida?, ¿un daño?, ¿un trabajo?).
- Si lo haces te sentirás libre o liberado.

PERDÓN

*El perdón libera el alma, elimina el miedo. Por
eso es un arma tan poderosa.*

Nelson Mandela

La capacidad de pedir perdón es ineludible, puesto que el error
forma parte de la existencia y de nuestro proceso de aprendizaje. No querer pedir perdón quizá implique que no se quiere asumir que se cometen errores, para no querer mostrar o asumir la propia vulnerabilidad. Y, curiosamente, poder pedir perdón conlleva una gran fortaleza, porque nos aceptamos totalmente y mostramos nuestra humanidad. Y es importante partir del punto donde se está, lo que, sin excepción, supondrá pedir perdón a los demás o a uno mismo.

El hecho de pedir perdón también implica, además de asumir el propio error, no querer perjudicar a la otra persona o personas implicadas. Es lo único que permite «borrar», que no olvidar, lo que ha pasado y empezar una «página nueva». También se relaciona con la asunción de la responsabilidad de lo que se ha hecho. Asumir la parte que nos corresponde es esencial, como también no asumir la que no nos toca. «No comernos toda la tarta» de la responsabilidad sobre lo sucedido es lo más adecuado, al igual que «comernos la parte que nos toca» y tomar medidas consecuentes; pero, sobre todo, aprender y trabajar en nuestras circunstancias .

La culpa es a menudo rígida y antagónica con el hecho de darse cuenta de la interdependencia de todos los acontecimientos y circunstancias. La cadena de causas y condiciones necesarias para que suceda un hecho es interminable. Culpar solo a una persona o a uno mismo supone no percatarse del entramado inacabable de los hechos y es una mirada muy limitada que «ignora» lo anterior, pues no permite ser corresponsable de los acontecimientos ni, por tanto, poder aportar lo que sea posible.

Sin embargo, el perdón no solo va dirigido a otras personas. Necesariamente debe dirigirse en primer lugar hacia uno mismo, hacia la capacidad de empatizar de un modo auténtico con uno mismo y de aceptarse íntegra y completamente (miedos, inseguridades, pasado...). Sin ello, no podremos empatizar de verdad con los demás (miedos, inseguridades, pasado...).

De todos es conocido que hoy en día, con algunas de las nuevas tecnologías, la posibilidad de borrar un mensaje no es factible. Cuando se ha enviado uno, pasado cierto tiempo resulta imposible hacerlo. El perdón implicaría, en el nivel simbólico, esa intención de borrar, de restaurar el daño hecho.

La experiencia en psicoterapia enseña que los procesos en los que la culpa se hace muy presente no permiten que el proceso de «cuidado» natural tenga lugar. La culpa mal llevada, esto es, no como responsabilidad, sino como denigración de la propia persona, bloquea la capacidad de aceptar errores y, sobre todo, de perdonarse a sí mismo. Esto suele ocurrir en duelos o en procesos de pérdida en los que la culpa está muy presente y, por ese motivo, evolucionan lentamente e incluso se bloquean. Por tanto, la aceptación de los hechos y la suavización de la culpa favorecen un duelo más saludable.

De todas formas, tanto la culpa como el resentimiento o la rabia son sentimientos humanos que nos seguirán acechando.

La cuestión es conseguir que sean temporales, para lo cual se requieren por lo menos tres cambios:

1. Evolucionar de la resistencia, rechazo, negación del daño, del error, etc., a la aceptación (experimentarlo sin resistencias).
2. Ampliar *versus* cambiar la perspectiva personal. De ver solo la culpa, a verme realmente como un ser humano (un ser vivo condicionado por múltiples factores como las circunstancias, las tendencias cognitivas y emocionales, la cultura, la crianza...).
3. Ampliar *versus* cambiar la perspectiva de los demás. Ellos son iguales que yo: seres vivos condicionados por experiencias pasadas, educación, predisposiciones, carencias, impronta, etc. Entonces, en lugar de ver solo la culpa en el otro y mi rabia y rencor, puedo verlo como un ser humano. No se trata de verlo como «bueno» (puede ser una mala persona), sino condicionado como yo. Así, si suelto la imagen o identidad de «agresor» o «enemigo» en el otro, podré soltar la imagen de «víctima».

¿QUIERES PRACTICAR?

Práctica de pedir perdón

1. Decide dedicar un tiempo a la práctica. Ponte en actitud de meditación, con la espalda recta; toma conciencia de tu respiración y permite que la mente suelte los pensamientos que la ocupaban y que vaya observándose sin juicio y desde la serenidad.
2. Piensa en alguna acción en la que te hayas comportado de forma inadecuada y que haya afectado a alguien. Busca el momento y la manera de pedir perdón explícitamente a esa persona. ¿Cómo? Por ejemplo, mostrándole tu arrepentimiento al decirle: «Ojalá no lo hubiera hecho, pero, como no puedo retroceder, me comprometo a no repetirlo, porque tu bienestar es mi bienestar y tu sufrimiento es mi

sufrimiento. ¿Puedo compensarte de alguna forma? No sufras por tener que pedirlo, pues, en la medida de mis posibilidades, quiero remediar lo que hice».

3. Cuando sea el momento oportuno, lleva a cabo esta acción: pide perdón explícitamente a esa persona de la manera que hayas considerado, siendo honesto y claro.

Práctica de pedirse perdón a uno mismo

1. Decide dedicar un tiempo a la práctica. Ponte en actitud de meditación, con la espalda recta; toma conciencia de tu respiración y deja que la mente suelte los pensamientos que la ocupaban y que vaya observándose sin juicio y desde la serenidad.

2. Piensa en algún comportamiento que hayas tenido y que te haya perjudicado o que ahora consideres un error. Empieza por errores sencillos y, después, continúa por otros más complejos. Toma conciencia del mal que te has hecho a ti mismo. Deja que salgan los pensamientos de culpa, de reproche o de rechazo hacia ti mismo por dichos errores.

3. Acepta el error, es decir, que ocurra algo diferente de lo que te gustaría, ya que forma parte de la vida, y no solo de la tuya, sino de la vida en general. Por tanto, sé respetuoso con ella y respétate en el error.

4. Concédete el perdón por ese comportamiento y desarrolla la compasión hacia ti mismo por tu torpeza o inconciencia.

5. Date cuenta de que, al otorgarte este perdón interior, aparece una sensación de relajación y de calma.

6. Y ahora viene la segunda parte: identifica los aspectos que has incorporado con el aprendizaje (como ya hemos comentado con anterioridad, son los «comportamientos alternativos»).

7. Haz el propósito de sustituir con estos comportamientos los que tenías antes para así evitar la repetición.

8. Del mismo modo, amplía tu conciencia y ten compasión por otras personas para desear que su sufrimiento disminuya.

9. Dedica la práctica al beneficio de todos los seres humanos.

Meditación del perdón (de uno mismo / de los demás) 🎧 9

Dedica unos minutos a calmar tu cuerpo atendiendo solo a la respiración (como ya has hecho en prácticas anteriores). Observa la respiración en este momento con interés y curiosidad. También con cariño y amor.

Poco a poco notarás que la mente (los pensamientos, las imágenes, las emociones) se va calmando y se modera. Pero, si no es así, deberás dedicar más tiempo y paciencia al paso anterior.

Vamos a indagar en el perdón.

¿Cuántas veces te han hecho daño en el pasado? ¿Cuántas veces has hecho daño en el pasado? Si eres sincero (actitud necesaria para estas prácticas) verás que en muchas ocasiones. Así pues, otras tantas veces te harán o harás daño en el futuro. Forma parte de vivir. Es necesario asumir esta realidad para empezar a perdonarse o a perdonar, así como a abandonar la ilusión de que se puede vivir sin el daño.

El objetivo de «asumir» esta realidad (el daño en la vida) es superar o abandonar la culpa (poder perdonarse a uno mismo) o el rencor (poder perdonar a los demás), emociones que podrían no existir. O sea, se puede vivir sin culpa o sin rencor, pero no sin daño propio o ajeno.

Es decir, el sufrimiento no viene del daño, sino del rencor o de la culpa, que es lo que podemos trascender o soltar, tanto de cara a nosotros mismos como a los demás.

¿Cómo soltar la culpa o el rencor? En primer lugar no debemos exagerar, incrementar o magnificar el daño con una historia o una retahíla de pensamientos o emociones que hablan de ello: «no debería haber ocurrido», «es mi culpa», «es su culpa», «no puedo vivir con ello», ya que esa historia mental ha sido inventada, creada, victimizada e imposibilita soltar y, por tanto, el perdón. Así, como hemos realizado en anteriores prácticas, se trata de traer y recordar el daño, solo el daño, no la historia, y volver a vivirlo con toda su pureza en el cuerpo, con inocencia y sin ambages. Hay que observar cómo se manifiesta el daño en las sensaciones dolorosas que padece nuestro cuerpo (tensión, hormigueo, pinchazos, dolor físico, asco) y enfocar la respiración y la atención ahí, «cuidando» de esas sensaciones dolorosas. Es algo así como cuidar a un niño que llora, que se queja e incluso que grita, pero sin juzgarlo, intentando ser solo una contención para él, o siendo amor para él. Hay que empatizar con ese niño que llora; empatizar con el deseo que lo libre de la culpa o el rencor.

Seguramente, las veces que el daño necesita ser cuidado sean proporcionales a la gravedad percibida. O sea, tantas veces como la persona haya reaccionado con juicios al daño (que son críticas a uno mismo o al otro), tantas veces será necesario el cuidado de este. Pero si uno es paciente y honesto, hasta el daño más grave puede ser cuidado y compensado. Incluso el niño que más llora puede ser calmado.

Recuerda que tanto el daño como su recuerdo permanecerán, pero también que la culpa o el rencor pueden soltarse.

Otro paso que se puede dar, aunque solo después del anterior, es deconstruir el daño, esto es, reconstruir las causas, condiciones y circunstancias alrededor del daño de un modo exhaustivo. Se trataría de «darse cuenta» de que este no se explica por un único factor o por una persona, sino por muchísimas circunstancias. Soltar la causa única es soltar la culpa y, posiblemente, el rencor. Esta nueva comprensión también puede ayudar. El paso más decisivo, consecutivo a los anteriores, es «desidentificarse» del daño», es llegar a comprender que el daño que ocurrió o que ocurre no es mío, no soy «yo». Este mismo daño, el mismo, ha ocurrido a miles o millones de personas, en el pasado, en el presente y en el futuro; no es mío, es del ser humano. Es el dolor humano, es el dolor del mundo. No dice nada de mí, de mi verdadero y más profundo «yo». Lo puedo vivir entonces con «dignidad» y «perdón».

Es importante terminar la práctica, que requerirá de repeticiones como ya hemos explicado, con la motivación de no eliminar el daño, sino de soltar la culpa o el rencor o la rabia de manera progresiva.

Por último, sabemos que, en aquellas experiencias caracterizadas por un daño intenso de «trauma/victimización», soltar la culpa o el rencor puede requerir el acompañamiento de un guía experto (por ejemplo, un psicólogo). En tal caso, lo que habilita para acompañar no es solo el conocimiento teórico, sino el propio proceso recorrido al perdonarse o al abandonar el rencor.

EQUILIBRIO

Toda virtud es un término medio entre dos
extremos, cada uno de ellos es un vicio.

Aristóteles

Una actitud de equilibrio y moderación implica un estado libre de pensamientos, emociones y comportamientos extremos o rígidos. Este estado libre no significa que no aparezcan estos pensamientos o emociones extremos, sino que ya no nos identificamos con ellos (esta es la libertad). Así pues, si aparecen, los vemos pero no reaccionamos ante ellos, porque somos libres y se van; no nos arrastran. Solo constituyen fenómenos mentales observables. Un ejemplo sería el apego a la búsqueda continua de sensaciones agradables, por un lado, o la de un estado ascético por otro. Esto conlleva, por tanto, evitar todas las filosofías o formas de vivir extremas y está relacionado con tener criterio a la hora de decidir, con equilibrio y sabiduría, lo que resulta más adecuado en cada momento.

También implica equilibrio, el punto medio entre el nihilismo (pensar que nada existe) y creer en una realidad permanente. Este punto medio sería, pues, el reconocimiento de que nada tiene una existencia independiente, inherente o absoluta, sino que todo tiene una existencia interdependiente. En consecuencia, es importante ampliar el conocimiento práctico por el que sabemos que todo es relativo y cambiante, y que hay una coexistencia con el resto. Así, pese a sufrir emociones desagradables (como tristezas, angustias, etc.), estas no resultan tan catastróficas porque son transitorias y relativas, ya que dependen de juicios, de formas de mirar y de pensar. Este conocimiento facilita una actitud de aparente «pasotismo o desapego», si bien procede de una comprensión o un saber práctico. Todo en la vida es transitorio y cambiante; por lo tanto, no vale la pena «aferrarse», es inútil. Se trata de surfear esta ola lo mejor posible, sabiendo que acabará y que vendrá otra, con actitud de fluir. Así, la felicidad aparece en el fluir, nunca al buscar una ola diferente o al aferrarse a la que surfeamos.

En la psicología cognitiva también se pone énfasis en el equilibrio, en la importancia de no adoptar perspectivas rígidas o extremas, el denominado «pensamiento dicotómico». Es un tipo de distorsión cognitiva que nos hace percibir la realidad de una forma polarizada, del tipo «blanco/negro», y por tanto nos impide ver los matices de la «realidad». Según Beck (2005), esta es una de las posibles distorsiones cognitivas. Desde la terapia cognitiva que este autor defiende, se parte de la base de que el pensamiento, la emoción y el comportamiento están estrechamente relacionados y uno afecta al otro. Por ejemplo, si se llega a la conclusión (o creencia) de que la propia vida es un desastre, no podrán percibirse los aspectos favorables de cualquier vida; la emoción básica podrá ser tristeza y abatimiento, así como un comportamiento que estará poco dirigido al cambio. Por otro lado, si el pensamiento es más «moderado», vemos los diferentes colores y la actitud es abierta y con esperanza, las emociones serán más adaptativas y saludables y el comportamiento estará más dirigido a conseguir lo que se espera. Así pues, nuestra mente, nuestra percepción o nuestros pensamientos «tiñen» todas nuestras vivencias. Este conocimiento y esta conciencia nos ayudan a ser más responsables de nuestras vidas, a tener una actitud activa y, por tanto, a buscar las condiciones y crear las causas que nos faciliten una mayor felicidad.

Con estas aseveraciones no se pretende decir que las circunstancias no nos afecten —algunas nos resultan más o menos favorables o más o menos propicias—, sino que lo que de verdad se halla al alcance del ser humano es la actitud con la que estas se viven. Aquí las «formas de pensar» son decisivas. En la práctica clínica esta realidad resulta ineludible y evidente: al conocer la vida de muchas personas, y por tanto al adquirir cierta resonancia, es posible mostrar esta realidad: hay personas que viven en circunstancias muy adversas, incluso extremas, y su «vivencia» es «calmada, aceptadora y humana», es decir, sin culpa o autocrítica, ni tampoco con grandes rencores; en cambio, otras personas, en circunstancias muy favorables, sufren mucho e incluso generan un trastorno psicológico grave al vivirlas con inquietud y rechazar lo que viven por sentirse indignas. Por tanto, nuestra opinión es que la actitud con el vivir es más importante que lo que se vive, aunque los dos aspectos son interdependientes. Una de las tareas fundamentales del psicólogo consiste en facilitar esta comprensión no solo teórica, sino también vivencial, para crear formas de pensar y actitudes ante la vida que sean más flexibles, adaptativas y satisfactorias, al tiempo que para romper la vivencia personal de sentirse desamparado ante las circunstancias.

Recordemos este gran poema que se recita en la película *Invictus* y que Nelson Mandela (alma invicta) musitaba durante su largo encarcelamiento:

Desde la noche que sobre mí se cierne,
negra como su insondable abismo,

agradezco a los dioses, si existen, por mi alma invicta.
Caído en las garras de la circunstancia,
nadie me vio llorar ni pestañear.
Bajo los golpes del destino,
mi cabeza ensangrentada sigue erguida.
Más allá de este lugar de lágrimas e ira
yacen los horrores de la sombra,
pero la amenaza de los años me encuentra,
y me encontrará, sin miedo.
No importa cuán estrecho sea el camino,
cuán cargada de castigo la sentencia.
Soy el amo de mi destino, soy el capitán de mi alma.

William Ernest Henley

¿QUIERES PRACTICAR?

Reflexión sobre el equilibrio

1. Decide dedicar un tiempo a la práctica. Ponte en actitud de meditación, con la espalda recta; toma conciencia de tu respiración y permite que la mente suelte los pensamientos que la ocupaban y que vaya observándose sin juicio y desde la serenidad.
2. Obsérvate cuando tengas actitudes extremas contigo mismo o con tu entorno. Te podrá ayudar a identificarlo el hecho de que pronuncies palabras con un matiz más radical, como «nunca», «siempre», «insoportable» o «todo el mundo».
3. Intenta buscar una perspectiva más equilibrada, valorando tanto los aspectos que calificas de «satisfactorios» como los insatisfactorios, y observa que solo con una nueva visión, nuevos pensamientos y nuevas actitudes cambia tu estado emocional y tu comportamiento. Encontrarás en tu día a día infinidad de circunstancias que te facilitarán este aprendi-

zaje, desde cómo te sienta la comida (influido por un pensamiento o un estado emocional) a cómo comienzas una actividad (hacer ejercicio físico, una dieta, empezar a trabajar después de las vacaciones, etc.), cómo te relacionas contigo mismo (qué percepción tienes y qué mensajes te mandas sobre cómo piensas que eres) o cómo te relacionas con los demás (qué proyectas en los otros y cómo te responden ellos).

Demonizar o sacralizar a uno mismo o a los demás (es decir, el exceso) no nos ayuda a una relación humanizada, igualitaria y ecuánime que facilite la comunicación y la convivencia. Estemos atentos y, con la ayuda —como hemos dicho— del lenguaje que utilizamos, facilitemos pensamientos, comportamientos y actitudes más equilibradas.

Meditación del equilibrio en las relaciones 🎧 10

En primer lugar, conviene recordar que lo que más nos hace perder el equilibrio son las relaciones humanas. A consecuencia de ellas, sentimos las emociones más negativas (también las más excelsas) y los sufrimientos más intensos. Así, creemos que este es el primer equilibrio que hay trabajar.

Primero nos calmaremos y nos centraremos. Si no, surgirán nuestros patrones habituales y serán los que nos dirijan. Calmamos el cuerpo para que arrastre, poco a poco, a la mente con él. Para ello, nos centramos en la respiración y, sin forzar, buscamos respiraciones más largas y más profundas. Al inicio, podemos prestar más atención a la espiración: expulsamos todo el aire que tengamos y soltamos tensiones, preocupaciones, el pasado, el futuro. Después de unas diez respiraciones, ponemos la atención en la inspiración y tomamos todo el aire posible, todo lo «presente, nuevo, inocente» posible. Así, poco a poco, las respiraciones serán más lentas y profundas y nos calmarán y equilibrarán. Permanecemos así unos minutos.

En segundo lugar, y después de este descanso, parada o equilibrio en la respiración, procederemos a «indagar».

TODOS SOMOS IGUALES: TODOS

Todos somos seres vivos, en este caso seres humanos. Queremos ser felices y no sufrir…

De igual forma, todos tenemos esta aspiración, este deseo e incluso este derecho; dejémonos «poseer» por él para sentirlo en cada célula y en cada músculo de nuestro cuerpo. Vosotros también tenéis igual deseo, y cada conducta, cada movimiento que realizamos, tiene esta motivación, pues compartimos todo ello con el resto de seres humanos, con nuestro mejor amigo e incluso con nuestro peor enemigo. Sentid esta igualdad unos minutos.

¿Por qué a veces no vemos a los otros así?

Tenemos una tendencia automática, «discriminativa», con los otros, que diferencia (sin saberlo) a los que nos gustan, a los que nos disgustan y a los que no son ni una cosa ni otra, amigos, «enemigos» e indiferentes.

Pero, bien mirado, esta diferenciación no viene del otro, sino que es «nuestra», es egocéntrica y está condicionada por nuestra educación, por nuestra cultura, por nuestros padres, por el colegio, las experiencias, los miedos e inseguridades, las aspiraciones, creencias, etc. Es decir, que es una discriminación condicionada por nuestra historia, por nuestro pasado, y no es elegida ni libre. Lo hacemos sin saberlo, sin quererlo. Pero no solo es eso, también es totalmente transitoria, cambiante e incluso ambivalente.

Puede ser que, si ya tenéis unos años, todas las combinaciones se hayan producido ya: un amigo que antes os caía mal, un adversario, alguien que os hizo daño y ahora es vuestro amigo, o pareja, etc.

Como hemos comentado, esa discriminación no viene del otro y de sus características reales; es egocéntrica y «prejuiciosa»; sin saber nada de verdad, una sola imagen personal de la otra persona nos sirve para definirla.

Daos cuenta, por tanto, de que, con independencia de lo que otra persona «me hace sentir», «es un ser humano», igual que yo, y también tiene sus discriminaciones y prejuicios. Incluso si me ha hecho daño, es posible o muy probable que haya sido por esa forma de mirarme, sin verme realmente como un ser humano.

No decimos que los otros sean buenos, no. Claro que hay personas que hacen daño y de las que conviene separarnos o protegernos. Pero ese daño está condicionado por sus miedos, prejuicios, cultura, educación recibida o su pasado, igual que yo e igual que todos.

Todos somos seres humanos, buscamos lo mismo, tenemos un pasado y estamos condicionados, no somos libres.

Todos nacemos, libramos la «batalla» de la vida, batallas habitualmente muy parecidas, y morimos. Batallas como la pérdida, la soledad, la búsqueda del amor, el miedo a la enfermedad, a la no aceptación del otro, a la vejez y a la muerte. También sentimos placeres por los objetos, por las sustancias, por las personas... Es el mismo ciclo vital.

No nos estamos igualando a los demás, solo pretendemos romper la «discriminación» descrita, que es «inconsciente» e impide el equilibrio y la ecuanimidad en las relaciones.

Si le guardas rencor a alguien, has de pensar que, dentro de cien años, o puede que antes, esa persona y todos seremos polvo. No vale la pena.

Así pues, el equilibrio en las relaciones es un estado de conciencia progresivo. Hay personas que incluso desconfían de sus amigos (un estado con mayor desequilibrio). Asimismo, las hay que confían y están equilibradas con los suyos o con su grupo. En un estado superior se encuentran quienes no se identifican con su grupo o con los suyos, pero pueden «respetar» y mantener el equilibrio con otros grupos u otras formas de pensar. Hasta existen aquellas que presentan un gran respeto por toda la humanidad, ya que entienden que hay personas con estados de conciencia más inmaduros y que eso, no la maldad, puede explicar su actuación. Es un proceso humano.

Estéis donde estéis en ese proceso, lo importante es evolucionar, abrirse al hecho de que todos somos seres humanos.

Primero hay que sentirlo con los nuestros, los apreciados... Si ya lo sentimos así... Después hay que abrirse para sentirlo con los que nos resultan «indiferentes», los que no nos despiertan aprecio ni lo contrario... Si ya lo sentimos así...

Abríos a los que os despiertan emociones negativas discretas, hasta que podáis sentir la «humanidad» incluso de quien os haya hecho daño. Aunque resulte difícil, es necesario si sientes rencor, rabia o ira.

Todos somos iguales, seres humanos en el ciclo de la vida que buscan la felicidad y quieren evitar el dolor.

Terminad con la siguiente aspiración o motivación:

Quiero que esta «comprensión» me transforme y que yo pueda ver la humanidad en todo ser. Quiero conseguirlo y contribuir a un mundo mejor sin prejuicios. Ojalá toda persona pudiera ver al otro de esta forma. El mundo cambiaría. Sería un mundo más bondadoso, equitativo y amable.

LIBERTAD

El que ha superado sus miedos será verdaderamente libre.

Aristóteles

La libertad, guiada por el amor, es la única que hace libres a los demás y a nosotros mismos, que sabe escuchar

sin imponer, que sabe querer bien sin forzar, que edifica
y no destruye.

Papa Francisco

La independencia de lo que nos rodea es vitalmente imposible, como ampliaremos en el apartado «Interser». Para sobrevivir, todos dependemos de una red infinita de circunstancias, de personas y de otros seres. De hecho, aunque parezca una contradicción, la libertad y la autonomía se generan a partir de una dependencia anterior total, si ha sido saludable. Nos referimos a aquellos que nos han cuidado y protegido, que han generado en nosotros un vínculo seguro y con ello han facilitado nuestra autoconfianza. Pero, no cabe duda, en el proceso madurativo es importante ir adquiriendo una mayor libertad, en el sentido de «no reaccionar» a las circunstancias, a las modas o a la cultura predominante, e incluso generar sentido común, criterio propio y genuino y poder aportar algo positivo. Hasta cierto punto, sería como «pagar la deuda» si hemos tenido la fortuna de ser educados y cuidados por personas que no han reaccionado y se han mantenido libres y generosas. Nosotros también podemos y debemos contribuir, desde nuestra particularidad. Puede ser que haya otros que no hayan tenido tanta fortuna en su historia pasada, pero que —ojalá— en la presente o futura se encuentren con alguna persona así (puede ser un psicólogo) y rompan el círculo de la vinculación insegura.

Como es fácil leer entre líneas, no estamos hablando de una libertad práctica, sino más bien psicológica. En ese sentido, el anciano «libre» no es aquel que se resiste y reniega de su dependencia física y no se deja ayudar, sino el que acepta dicha ayuda y la agradece, librándose y siendo autónomo de la soledad y de la tristeza vital.

Aceptar que las circunstancias no están en nuestras manos ayuda a tener una mayor serenidad y sabiduría para afrontarlas. Cuando estas circunstancias dificultan nuestro bienestar, la libertad que parte de la comprensión anterior y la actitud correcta nos permiten cambiar el rumbo, esto es, no actuar como meros receptores y «pagar con la misma moneda», sino decidir cómo actuar en la situación en la que nos encontramos, de la mejor forma posible. Es lo que se ha denominado, como hemos comentado con anterioridad, la «no-reactividad».

Uno de los aspectos cruciales es que todo lo que se enseña se transmite no como dogma inamovible, sino como posibilidad para reflexionar, meditar o experimentar; no para asimilarlo y reproducirlo de forma automática, sino, por tanto, para romper con extremismos, fundamentalismos o fanatismos. En consecuencia, la propia ética y el comportamiento coherente nunca consistirían solo en la repetición mecánica de lo que otras personas han considerado adecuado, sino que se tamizan desde la propia valoración y el conocimiento. Esta moderación y esta valoración propias son aún más importantes hoy en día, que vemos crecer fanatismos y radicalizaciones peligrosas, nada constructivas, sino destructivas, por parte de quien considera a los demás como«enemigos». Tales posturas extremas, simplificadoras de lo que se considera «ajeno», solo se mantienen debido a una visión reducida, poco ecuánime, y por tanto crítica, como resultado de prejuicios y estereotipos no reflexionados. La postura extrema se refugia en lo que piensa el colectivo, el grupo uniforme, la «masa», y pierde el propio punto de vista y la sabiduría interna; por tanto, así pierde lo que la psicóloga Marsha Linehan denomina la «mente sabia», una sabiduría interna natural que equilibra e integra dialécticamente lo racional y lo emocional.

Así pues, en el hecho de educar está implícito el fomento de una mayor libertad y autonomía, que no independencia, puesto que todo está interconectado y existimos gracias a los demás. La libertad conlleva poder aprender a valorar por uno mismo, gracias a la experiencia propia, a nuestra sabiduría, y no solo al conocimiento; poder aportar a la familia, al equipo, la propia visión única, esté o no de acuerdo con lo predominante en un grupo. Es decir, la autonomía implica también el respeto por la opinión, por la manera de hacer, tanto propia como ajena. A menudo, no solo queremos expresar nuestra opinión, sino que la otra persona esté de acuerdo. La expresión libre, capaz de aceptar que el otro puede hacer lo mismo y que no hay por qué convencerlo ni tener la razón, aporta una gran tranquilidad. De hecho, aunque lo habitual es tener visiones diferentes, poder compartirlas aporta una gran riqueza. Y cuando nos hemos expresado o hemos hecho, desde la autonomía, podemos perdonarnos y perdonar, si es necesario.

El concepto de «asertividad» está estrechamente ligado a la libertad; consiste en decir «sí» cuando quieres decir «sí» y en decir «no» cuando quieres decir «no», desde el más profundo respeto y tolerando las diferencias de opinión, ya que desde estas diferencias puede surgir un mayor crecimiento dialéctico, una visión superior fruto de los opuestos.

Lo mismo ocurre con todos los procesos de aprendizaje, y, cómo no, la psicoterapia es uno de ellos. Por este motivo solo es válida la que en último término potencia la autonomía y no la dependencia. También la que fomenta la visión del interser y el recuerdo de los profundos aprendizajes vitales, experienciales y, por tanto, emocionales que nos acompañan para siempre.

¿QUIERES PRACTICAR?

Reflexión sobre la libertad

1. Decide dedicar un tiempo a la práctica. Ponte en actitud de meditación, con la espalda recta; toma conciencia de tu respiración y permite que la mente suelte los pensamientos que la ocupan y que vaya observándose sin juicio y desde la serenidad.

2. Valora si tienes una visión que, además de estar naturalmente influida por lo vivido y aprendido de todas las personas que te han rodeado, pueda ser genuina, creativa y libre,
   y en todos los ámbitos, tanto en el familiar como en el de las
   amistades o en el laboral.
3. Puedes hacerte varias preguntas: ¿tienes la valentía y libertad de expresar lo que piensas y sientes con respeto?
   ¿Potencias la autonomía de los demás o la dependencia?
   ¿Respetas la libertad propia y ajena? Parece contradictorio,
   pero no lo es: ¡la libertad y la autonomía solo pueden estar
   presentes en el contexto del interser!

Meditación de la libertad y de la ecuanimidad 🎧 11

Podéis recordar que hemos descrito y practicado sobre la ecuanimidad en las relaciones. Ahora nos dedicaremos a la ecuanimidad y a la libertad de las experiencias.

Antes de hacerlo, pensemos que, según la mayoría de filosofías orientales, la «libertad» se consigue al transitar por el
camino de la «ecuanimidad» de las experiencias.

Inicia la sesión calmándote; párate y céntrate en la respiración presente, sea como sea. Pon el máximo interés y curiosidad para no perderte ningún detalle de la misma, sin juzgar la
experiencia y sin expectativas. Si te distraes, percátate de ello y,
con alegría (por haberte dado cuenta), vuelve a la respiración
durante unos 10 minutos.

Ahora, observa que todo lo que experimentas en el momento presente son experiencias corporales (sensaciones visuales, auditivas, olfativas, táctiles y gustativas) y mentales (pensamientos o imágenes y emociones). Date cuenta de ello.

Podrás observar que las experiencias corporales son cambiantes, siempre efímeras, pues dependen de múltiples condiciones como la temperatura, la luz, reacciones fisiológicas,
hambre, sed, etc., que se van modificando; también se hallan

en función del estado mental o emocional. Con las experiencias mentales ocurre lo mismo.

Así pues, la ecuanimidad de las experiencias consistiría en aplicar una actitud intermedia entre negarlas o reaccionar según las mismas. Se trataría de observarlas, de darse cuenta de su presencia, aunque «sabiendo» que cambiarán, sin hacer nada a favor o en contra, como un observador imparcial, ecuánime, que observa un paisaje, una situación, una obra de teatro. No está en nuestras manos determinar lo que pasa, pero sí lo está la forma en que lo vivimos. Esta es nuestra responsabilidad y aquí reside nuestra libertad.

El objetivo sería desarrollar una mente «natural», autónoma, libre del «aferramiento» o «aversión» a las experiencias.

Al principio, puede resultar difícil, pero con paciencia y experiencia se puede conseguir, ya que es muy importante. En estas prácticas más sutiles, es posible que necesites la guía de algún «instructor» o maestro. Si es así, búscalos: los hay.

HUMILDAD

Confesar nuestra acción... es un proceso
mediante el que tratamos de aprender a ver ho-
nestamente lo que hacemos... y experimentar
el mundo plenamente.

Pema Chödrön

La palabra «humildad» viene del latín *humus,* que significa «tierra fértil, lugar donde se puede crecer». La humildad nos hace receptivos, acogedores; da espacio al otro y lo reconoce. Es una actitud básica, ya que nos permite distanciarnos del egocentrismo y aprender desde una posición honesta, modesta y sencilla, para así comenzar a avanzar desde el punto en el que nos hallamos. Por tanto, supone el inicio del camino, la brújula que nos posibilita desarrollarnos y estar abiertos a la vida con fortaleza y humanidad, aceptando nuestros límites. La actitud contraria, el orgullo, nos paraliza, ya que creemos tener la visión correcta y que ya lo sabemos casi todo.

Asimismo, la humildad implica conciencia, darnos cuenta de nuestros errores como parte indiscutible del proceso de crecimiento y aprendizaje. Actualmente esta actitud es muy poco apreciada socialmente, ya que se valora más una pretendida y malentendida autoestima, que incluye una valoración a menudo exagerada de algunas o de muchas capacidades. No hay nada más valioso que la sencillez y la humildad, que nos hacen conectar con nuestra humanidad, con las fortalezas y dificultades que compartimos. Por el contrario, no conectar con la humildad nos aleja de los otros, de los errores, de los aciertos y de la capacidad de poder reaprender y «reeducarnos» como personas. Para saber si somos resilientes ante los errores puede servir la siguiente metáfora de un portero de fútbol: al que se equivoca y se queda sentado en el suelo lamentando su error, le continúan marcando goles; pues bien, el que se levanta y sigue jugando es el que puede permanecer en la liga de la vida.

La expresión honesta de las dificultades nos acerca a los otros, nos hace ver los errores humanos compartidos, nos hace conectar no con lo que nos gustaría que pasara (todos sabemos que la vida no es «redonda»), sino con la verdad, con lo que es. La humildad implica que no quieres ni pretendes que la vida y los otros sean como tú desearías, sino que estás abierto a lo que existe y das valor a todo y a todos. Lejos de adoptar actitudes derrotistas (nada más lejos de la humildad), se da la posibilidad de poder transformar estas debilidades en el terreno fértil desde el cual poder crecer. El orgullo y su expresión más intensa, el narcisismo, representan exactamente el aspecto opuesto de esta actitud: una visión magnificada en exceso y ampulosa de uno mismo hace que no se pueda ver el punto del que se parte ni la posibilidad de rectificar, y por tanto que no se pueda hacer progresos. Quizá esto nos aleje de los otros. Las capacidades de las demás personas no se pueden ver con claridad, ya que ponen en cuestión las nuestras y es posible que se conviertan en un «ataque» al narcisista, al autoconcepto construido para proteger un yo demasiado frágil, sin permitir que se crezca en la compañía del otro.

Asimismo el perfeccionismo, tan potenciado en nuestra sociedad, es un aspecto que dificulta actuar con humildad, ya que implica una elevada tensión y rigidez, deja al margen la fluidez y la creatividad y, a la vez, imposibilita los pasos intermedios o la satisfacción de ir avanzando de manera paulatina. Las sociedades individualistas dificultan la humildad como actitud, ya que provocan la necesidad de que uno mismo se considere el más importante y, por tanto, de estar siempre «mirándose en el espejo», comparándose con los demás, como si de una competición se tratase. Así, solo hay «perdedores» que se subestiman y «ganadores» que se vanaglorian; nunca humildad para facilitar la colaboración con y desde el grupo.

La humildad ayuda a sentir una dignidad y confianza profundas y sinceras en uno mismo y en los otros, para poder avanzar y reconocer lo que nosotros podemos aportar y en qué contribuyen los que nos rodean. El proceso de pedir ayuda ya implica humildad, que es el requisito sustancial para el desarrollo y que de este modo ya estaría presente.

Por tanto, la humildad deviene uno de los primeros pasos para comenzar a caminar…

¿QUIERES PRACTICAR?

Práctica de meditación, basada en A. Murdoch y D.-L. Oldershaw (2009): «Nosotros, en lugar de los otros y yo»

Situación: cuando vayas a algún sitio (por ejemplo, a una fiesta, una reunión, etc.) donde haya personas que no conozcas y no tengas confianza, obsérvate:

1. ¿Cuál es tu experiencia? Hay dos grandes tendencias: en una te sientes inseguro; en la otra, estás muy seguro de ti y piensas que los otros no son tan buenos como tú. En la primera tendencia, la experiencia subjetiva es de sentir angustia, ponerte nervioso porque tienes dudas o vergüenza: «¿Qué pensarán de mí?» o «no sé qué decir». Aquí habría una respuesta del

tipo «yo soy menos que los otros». En la segunda tendencia, empiezas a pensar o a vanagloriarte al observar que eres mejor que los demás, con lo que manifiestas una falta de humildad. Cualquiera de estos dos movimientos expresa un «aquí estoy yo», aunque con una respuesta distinta en cada caso: de inseguridad y falta de autenticidad en la primera tendencia, o de prepotencia en la segunda.

2. Una vez seas consciente de tu automatismo, intenta este otro movimiento: «Aquí estamos todos», con suavidad, mientras escuchas con atención y muestras interés por las opiniones y las personalidades únicas de cada uno, sin necesitar ni esperar nada de nadie.

3. Siente cómo cambian tus percepciones de los otros y tus sensaciones.

4. Dedica esta práctica al beneficio de todos los seres humanos.

Meditación de la humildad 🎧 12

Para actuar y vivir con humildad, creemos que hay que conectar con lo esencial, lo original, lo más «sencillo» y «simple».

Uno puede preguntarse entonces: ¿qué es lo más esencial en mí?

¿Dónde vivo? ¿Dónde he nacido? ¿Quiénes son mis padres? ¿Mi sexo? ¿Qué estudios tengo? ¿Mi profesión? ¿Mis creencias y actitudes? ¿Qué cuerpo tengo? ¿Soy padre o madre? ¿Soy hijo o hija? ¿Qué características tiene mi personalidad?

Todo lo anterior no es lo esencial, ya que podría ser diferente con apenas un cambio «fisiológico» o una variación de las circunstancias, la familia o la educación. Yo tendría otras creencias, actitudes, personalidad, sexo, familia, etc.

Entonces, ¿qué es lo esencial en mí? Para que algo sea esencial no puede depender de circunstancias o, al menos, ha de ser menos dependiente de ellas.

En la propia pregunta radica la humildad. Hay cuestiones que no tienen respuesta, pero creemos que se tienen que hacer.

Una posibilidad es asumir que soy un ser vivo, soy vida, lo que, curiosamente, comparto con todo lo vivo.

Otra posibilidad es pensar que soy eso que es influido por todo lo demás. Así, veo que no es algo mío: mi cuerpo, que es cuerpo de madre y padre, y de todos mis antepasados; tampoco todo lo que he comido, bebido, que son átomos de otros; mis pensamientos o mis creencias, fruto de lo que he leído, de la influencia de profesores, amigos, cultura, la sociedad, etc.

Busco ser feliz y no sufrir, como cualquier otro ser.

En definitiva, la pregunta sincera y las respuestas honestas nos adentran en la humildad.

Segunda meditación de la humildad

Dedica unos minutos a conectar con el cuerpo, la postura, las sensaciones de contacto con la silla, el sofá o la cama, con simplicidad, con interés y con ternura hacia tu experiencia. Sé paciente, no tengas prisa.

Recuerda que eres un ser vivo, un ser humano sustentado por la vida; ni más ni menos. Un ser sustentado por el oxígeno de los vegetales, por el agua, por un conjunto de órganos y células, por la luz y el calor del sol. Sustentado por la vida. En cada momento y en cada lugar. Recuérdalo siendo agradecido, sin pedirte nada a cambio.

Recuerda que te sustentan otros seres vivos, los cuales te proveen de alimento, cobijo, ropa e incluso conocimientos. Todo lo que «eres» te lo proporcionan «otros». Con gratuidad, sin pedirte nada a cambio.

Sé consciente de ello y recuérdalo cuando mires a otro ser vivo o a otro ser humano. Escúchalo, no lo juzgues, hónralo. Así, de forma «natural», serás humilde, amable, sincero y te comprometerás a contribuir, ya que tanto has recibido, recibes y recibirás.

PACIENCIA

La paciencia todo lo alcanza.

Santa Teresa de Jesús

Si algo tiene remedio, le pones remedio y no te preocupes; si no tiene remedio, lo aceptas y no te preocupes.

Shantideva

Quien aspire a llegar a ser un maestro en el arte de amar tiene que empezar practicando la disciplina, la concentración y la paciencia.

Erich Fromm

La paciencia nos permite estar, dar espacio y no huir ante los diferentes sucesos que suceden en la vida, propiciando una actitud que nos facilita aceptar el proceso, que tiene un ritmo determinado, sin querer imponer el nuestro (el cual, por otro lado, es variable en función de nuestro estado). Nos ayuda a permanecer estables en el momento que vivimos, ya sintamos una tensión leve o un elevado sufrimiento, y nos permite actuar con la motivación adecuada, procurando nuestro beneficio y el de los otros. No consiste en adoptar una postura pasiva, en «aguantarse», reprimirse o resignarse, sino en aceptar la experiencia tal y como es y, con ella, el proceso. Nos permite diferenciar con claridad lo que puede ir en la dirección de esta motivación básica, consciente de la realidad y lejos de automatismos. La paciencia es paz y ciencia: calma con conocimiento. El «tratamiento» de la rabia o la irritabilidad, contrariamente a lo que podemos pensar, es la paciencia. Esta rabia puede ir dirigida hacia circunstancias, hacia otras personas o hacia uno mismo. Algunas de las posibles formas de reacción frente a las dificultades son el miedo, la intranquilidad y, con facilidad, el enojo. También tenemos la posibilidad de contestar con paciencia, tranquilidad y calma mental, que facilitan la lucidez y una respuesta equilibrada.

Es importante valorar la utilidad de la rabia: ¿nos hace sentir bien? ¿Sirve para solucionar los problemas? ¿Nos aporta claridad para actuar de modo adecuado? La paciencia nos puede ayudar a tener empatía para no solo ver nuestro sufrimiento, como sucede a menudo cuando se siente rabia, y por tanto a percibir el sufrimiento del otro y poder sentir compasión, aligerando así tanto el sufrimiento ajeno como el propio. La paciencia también facilita practicar la atención abierta en el momento, así como tolerar el dolor que no se puede evitar (por ejemplo, la pérdida de seres queridos, el dolor físico y/o mental, la enfermedad...).

La paciencia no implica dejar de tomar medidas de protección, sino más bien al contrario: puede contribuir a que las llevemos a cabo de forma más tranquila y adecuada. Implica que uno no siempre puede salirse «con la suya» y que los cambios requieren tiempo. Cuando se es paciente, podemos compartir nuestros pensamientos y disfrutar con los otros en lugar de sentirnos vulnerables, tal y como aseguran Murdoch y Oldershaw (2009), sin tener que convencer o tener la razón, como hemos comentado con anterioridad. La lucha por tener la razón puede suponer un elevado motivo de sufrimiento, en el que la paciencia no está presente. Abandonar la intención de querer convencer y vivir compartiendo puede ser una gran liberación.

Como afirma Kabat-Zinn (2013), tenemos una actitud impaciente cuando esperamos «llegar a otro lugar», sentir que estamos en el camino de un momento mejor. Esta actitud nos impide estar donde nos hallamos. La paciencia, pues, nos ayuda a estar presentes aquí y ahora.

¿QUIERES PRACTICAR?

Practica la tolerancia al proceso

Situación: en momentos que observes que sientes enfado, irritabilidad o rabia:

1. Acepta tu emoción y observa cómo se manifiesta en ti: pensamientos, sensaciones, etc.
2. Espera pacientemente al observar la situación y tu reacción. Deja espacio entre los hechos o pensamientos que hayan facilitado tu rabia y tu reacción. Ese espacio, esa calma, permite no actuar de forma reactiva y automática, sino facilitar una respuesta libre y abierta, adecuada a la situación. Recuerda que, al fin y al cabo, tú eres el que siente esa emoción y tú la puedes gestionar y transformar. Ayúdate de la concentración en la respiración para dejar ese espacio, «airear» (nunca mejor dicho) y así poder suavizar esa emoción.
3. Observa los cambios que se producen en ti al estar esperando pacientemente y fortalece esta actitud.
4. Comienza a practicar primero con situaciones simples e incrementa poco a poco la dificultad, activando la paciencia. Si observas que no manejas la situación y que experimentas una rabia con demasiada intensidad, sal temporalmente de ella —lo que se denomina «tiempo fuera»— para poder hacer acopio de paciencia por tu cuenta y recuperarte. Intenta mejorar tu capacidad para, posteriormente, volver a la situación y repetir la práctica.

ECUANIMIDAD

Tratad a los otros como os gustaría ser tratados.

Jesús

*Aceptar que el dolor es inherente y vivir
nuestras vidas con esa comprensión es crear las
condiciones para nuestra felicidad.*

Pema Chödron

Basada en la apertura y la aceptación, la ecuanimidad, según Khema (2009), implica una actitud de no-reactividad frente a las experiencias vividas como agradables, desagradables o neutras. Es una aceptación de las cosas tal como son —sin que implique resignación— ante las situaciones diversas que se nos presentan. Comporta una constancia de ánimo y es lo contrario de la ansiedad, la inquietud o la indiferencia. La ecuanimidad es como el océano que conforma cualquier ola (grande, pequeña, tsunami...) o como el espejo que refleja lo que se pone delante sin discriminaciones. La ecuanimidad, que se basa en la calma mental, la lucidez y la inexistencia de fenómenos independientes y permanentes, observa los cambios de ánimo, la inquietud, y lo hace sin fricción y sin identificarse.

La ecuanimidad es donde reside la libertad verdadera, ya que no estás apegado o «enganchado», ni quieres evitar por aversión lo que sucede, lo cual permite adoptar las decisiones más propicias. Es la base para una adecuada discriminación y una consecuente actuación no desde la reacción automática, «compulsiva», propia de un hábito rígido y esclavo de las circunstancias, sino desde la sabiduría y la libertad de escoger lo que uno siente como adecuado según una visión amplia, desde la apertura y la espaciosidad de la mente, donde no está presente ni el apego, ni la aversión, ni la evitación. En consecuencia, el aumento de la ecuanimidad también provocará que se incremente nuestra libertad.

El trabajo sobre la ecuanimidad se realiza en tres dimensiones: la primera de ellas se da frente a las sensaciones, tanto si son agradables como si son desagradables o neutras. Así observamos lo que perciben nuestros sentidos, tanto lo que escuchamos, olemos, degustamos, vemos y sentimos en el cuerpo con ecuanimidad, como también con todos los otros fenómenos de la mente, esto es, los pensamientos y las emociones. La segunda se puede practicar con los impulsos (que, aunque a menudo son inconscientes, nos condicionan profundamente): miedos, inseguridades, sensación bien de una identidad separada del resto de personas y seres, bien de inmutabilidad (de que nada cambiará). Aquí emerge la opción de responder con libertad y, por tanto, sin reacciones compulsivas (siendo consciente de cómo funciona el impulso). La tercera dimensión se dirige a las personas, con las que podemos relacionarnos sin discriminarlas (ni por género, ni por raza, posición social, laboral o características). Por tanto, la ecuanimidad lo integra todo, tanto en el nivel externo, con otras personas, como interno, con las sensaciones, los impulsos, pensamientos, sentimientos, etc.

La dimensión de la ecuanimidad que se relaciona con los otros consiste en la percepción y el trato igualitario entre todas las personas, o sea, lo contrario de tratar de forma diferencial, por prejuicios (y lo que nos hacen sentir). Este es un aspecto crucial en nuestros días, donde vemos cómo aumenta el racismo por el miedo a la diferencia y a la sensación de carencia, y la descarga hacia personas con menos privilegios (simplemente por haber nacido de forma fortuita en otros territorios menos afortunados). La visión de la igualdad entre las personas en los aspectos básicos —la búsqueda de la satisfacción y la plenitud, querer vivir en paz y armonía con uno mismo y con los otros, la motivación de reducir el sufrimiento— hace que aumente la ecuanimidad de manera espontánea. Lo que cambia entre las personas es la forma en que creemos que obtendremos esta satisfacción y armonía, pudiendo llegar a hacerlo de un modo inadecuado, externamente (con una ambición desenfrenada, buscando fama, prestigio, acumulación de bienes, consumo de drogas, valorando en exceso la imagen física), o más adecuado (al procurar el bien propio y el ajeno y crear felicidad), con una motivación interna del desarrollo como persona, de las cualidades satisfactorias, cultivando actitudes, etc. Pero no debemos olvidar que en el fondo buscamos lo mismo, esto es, la felicidad y la evitación del sufrimiento, a pesar de que serán inevitables ciertas dificultades en nuestras vidas como, por ejemplo, pasar por diversas pérdidas de relaciones o por las muertes de seres queridos. Será importante recordarnos la humanidad que compartimos, ya que todas las personas pasan por situaciones similares a las que nosotros vivimos.

Igual que se puede practicar la ecuanimidad con los demás, también es importante practicarla con uno mismo como cuando acogemos y aceptamos nuestras fortalezas y nuestras debilidades. Solo desde esta aceptación podremos aceptar y acoger también los distintos aspectos de los demás, para así tener una relación integral y plena con otras personas, con nuestras luces y nuestras sombras, y todo el espectro de «colores» y posibilidades de nuestro ser.

Por último, referiremos que la ecuanimidad es la puerta de entrada a las cualidades y actitudes que nos permiten relacionarnos adecuadamente tanto con los demás como también con nosotros mismos. Así pues, la plenitud de la atención, o atención plena en la vida *(mindfulness),* tiene dos aspectos que solo se pueden realizar con ecuanimidad: 1) la atención plena a los demás, que solo se lleva a cabo cuando se experimenta que estos son igual que yo (compasión), y que se ejecuta cada vez con mayor profundidad de comprensión y vivencia.

Y 2) la atención plena a la experiencia interna (sabiduría), que no es mera adquisición de conocimientos, sino conocer la naturaleza en lo esencial, es decir, el sustrato de la experiencia presente humana. Solo la ecuanimidad de esta experiencia presente interna permite adquirir este saber.

Así, algunos maestros de meditación refieren que la ecuanimidad «perfecta» en todos los ámbitos (interior, relacional y con el mundo) supone la aspiración de la práctica y el vivir: la auténtica felicidad.

¿QUIERES PRACTICAR?

Ante experiencias que facilitan que sintamos miedo, enojo o tristeza, observa si la experiencia es negada o reprimida, o bien «actuada» impulsivamente. Cualquiera de las dos reacciones consiste en huir de tu experiencia presente, y por tanto en un acto de «esclavitud». Así, al darte cuenta, lo importante es que en primer lugar toleres lo desagradable (por ejemplo, el miedo). Tolerar es poner tu atención sin negarlo (reconocerlo, «siento miedo») y sin actuar en consecuencia (lo acompaño pero no hago lo que me dice, no lo actúo). Después, aceptar su proceso con paciencia. Este trabajo es de la ecuanimidad.

Asimismo, también puedes observar si desde el pensamiento, el sentimiento o el comportamiento, debido a los prejuicios y a etiquetar a determinadas personas, reaccionamos de forma automática y diferenciadora sin el conocimiento suficiente.

Práctica de la meditación sobre la ecuanimidad

Para iniciarse en la ecuanimidad (aunque ya la hemos comentado en anteriores prácticas de meditación), tenemos que detectar el automatismo que todos mostramos al aproximarnos y fijarnos en algunas cosas, y así desearlas o, por el contrario, rechazarlas, así como sentir indiferencia.

1. Os proponemos que os sentéis en cualquier sitio, pero sin hacer nada y disponiendo de tiempo.

2. Dedicamos unos minutos, con los ojos cerrados, a centrarnos en la respiración; así, por ejemplo, hacemos 10 respiraciones siendo plenamente conscientes (es decir, observando la respiración que tenemos, sin querer cambiarla, sin interferir).

3. Con los ojos cerrados podemos ir prestando atención a los diferentes sonidos, y luego observamos cómo va cambiando nuestro tono emocional. Hacemos esto sin reaccionar con automatismos, sin apegarnos. Simplemente, observamos con ecuanimidad.

4. Prestamos atención a las imágenes y/o a los pensamientos que vengan. Y, de nuevo, observamos con atención los tonos emocionales cambiantes que nos producen. Observamos sin reaccionar con automatismos y sin apegarnos. Simplemente miramos con ecuanimidad.

5. Después abrimos los ojos y miramos nuestro alrededor. Aparecerán personas, objetos, pensamientos, emociones, sensaciones, etc. Si estamos atentos, podremos detectar el automatismo: interés, aproximación a unos y negación, evitación o rechazo a otros.

6. Nos mantenemos en este estado de ecuanimidad. Al observar los cambios en los tonos emocionales, nos hacemos conscientes, aunque sin reaccionar. De esta manera, ya no despiertan procesos automáticos involuntarios y se nos abre la mente a la ecuanimidad/libertad. Exploramos este estado. Seguramente tendremos una sensación de libertad, apertura y paz. Podemos llevar esta actitud a nuestra vida cotidiana.

7. Dedica esta práctica al beneficio de todos los seres humanos.

Una de las prácticas de ecuanimidad más importantes es con el propio estado emocional, al que se puede acoger y abrazar con amabilidad (es decir, etimológicamente hablando, «lo que se puede amar») y ternura, sea cual sea ese estado. Lo podemos evocar como lo haríamos con un niño pequeño, al que, sea cual sea su emoción, se le acoge, se le comprende, se le escucha con atención, se le abraza… Desde esa aceptación ecuánime podemos transformar, de forma espontánea, ese estado emocional.

También puedes practicar esta meditación de Juan Manzanera, dirigida a cultivar la ecuanimidad, disponible en la web (https://www.escuelademeditacion.com/meditacion/ecuanimidad/).

GRACIAS

El agradecimiento no es solo la más grande de
las virtudes, sino la madre de todas las otras.

Cicerón

Dar las gracias, ser agradecido, es algo intrínsecamente agradable («gracia», del latín *gratia,* significa «lo que es grato, agradable») tanto para quien tiene el sentimiento como para quien lo recibe. Conecta con un estado afectivo de amplitud, de armonía, de satisfacción con lo que el otro ha ofrecido.

El agradecimiento nos despierta un deseo de retorno, de devolver todo lo que hemos recibido y, por tanto, implica ser conscientes de la benevolencia de todo lo que ha llegado a nosotros, así como un reconocimiento de la presencia del otro. También conecta con un sentimiento de plenitud, de conciencia de lo que es, no de lo que falta. Así pues, es lo contrario del sentimiento de carencia, tan extendido en nuestra sociedad, en el que la queja y la reivindicación (aunque también sean, en cierto grado, necesarias) eclipsan en gran medida aquello por lo que podemos estar agradecidos.

El agradecimiento es un sentimiento espontáneo, abierto, y no una mera compensación. En el sistema económico de libre mercado en el cual vivimos, donde todo tiene un precio, se abre camino el agradecimiento, libre y espacioso, en el cual no hay medidas «físicas» que lo puedan objetivar, ya que no se pueden aplicar las mismas leyes a lo que es material y a los sentimientos y experiencias.

La práctica del agradecimiento frecuente nos acerca a lo que significa la plenitud. En este sentido, un buen hábito que cultivar a diario es mostrarse agradecidos por lo que hemos recibido durante el día. Y no por las cosas más complejas, sino por las cotidianas. Hay un principio en psicología que dice: «Todo estímulo constante acaba por no percibirse». La fuerza del hábito es tan potente que terminamos acostumbrándonos a lo que nos es familiar. Este aspecto nos ayuda a adaptarnos y sobrevivir, pero también nos aleja de poder dar las gracias por lo básico y esencial que se halla presente en nuestra vidas. Ser conscientes de lo que tenemos a diario (la respiración, la vida, el sol, el agua, poder comer, caminar, relacionarnos, compartir y una serie inacabable de personas y circunstancias, con toda la riqueza que esto implica) amplía el sentimiento de agradecimiento con la vida.

Agradecer o pedir son acciones mucho más efectivas que una queja. Esta última surge de una percepción de carencia. Pedir algo de modo concreto y agradecer parten de la base de la abundancia y el reconocimiento de la realidad actual o futura, basado en la confianza en las capacidades o potencialidades del otro.

El agradecimiento puede ayudar a cicatrizar bloqueos emocionales del pasado (traumas, carencias, etc.), ya que cambia la brújula mental y emocional de centrarse compulsivamente en estos hechos o momentos de la vida. Así como un trauma (un recuerdo reiterado de un hecho desagradable o doloroso del pasado) impide o bloquea la alegría, la actitud vital de agradecimiento libera la alegría natural de vivir.

Práctica antes de ir a dormir

Si quieres adquirir una actitud positiva ante la vida, practica el agradecimiento.

Para ello, no te vayas a dormir sin agradecer tres cosas del día, sean las que sean.

Al principio, si no pasas por un buen momento, puede resultar difícil detectarlas. Pero puedes hacerlo durante un mes (no te vayas a dormir hasta que las encuentres). Después de ese tiempo, decide si mantienes esta rutina.

1. Cada día, antes de irte a dormir, dedica un momento a repasar conscientemente tres aspectos de tu día que hayan aportado algo a otra persona o a ti mismo.
2. Dedícales un agradecimiento atribuyéndoles el valor que merecen. Sugerimos realizar tres agradecimientos: uno dirigido a lo que te hayan aportado otras personas; uno dirigido a la naturaleza y al privilegio de estar vivos; uno a ti mismo. Busca este agradecimiento en las cosas sencillas y cotidianas, aquellas que para ti sean importantes.
3. Este ejercicio también puedes hacerlo utilizando una libreta, tu teléfono móvil, tú escoges… Cada día debes escribir estos tres agradecimientos.
4. También puedes hacerlo explícito y comunicárselo a alguna persona de tu entorno (verbalmente o por otro medio, por ejemplo, con una carta de agradecimiento).

Practiquemos el reconocimiento de lo que es… y no de lo que no es. Es importante reconocer que nuestra vida está donde ponemos la atención. Por tanto, hacemos crecer aquello que atendemos, ya que lo reconocemos, lo experimentamos, lo saboreamos, centrándonos en la multiplicidad de circunstancias, personas y condiciones que nos favorecen, que nos aportan algo.

Si has apuntado tus agradecimientos verás que, pasados varios días, todos son diferentes entre sí a pesar de haber estado presentes en tu día a día, porque incluso cuando parece que todo es más oscuro hay un motivo para agradecer sin comparaciones ni juicios.

Práctica de dedicarte un gesto amable

Otro ejercicio que puedes probar consiste en dedicarte a ti mismo un gesto amable:

1. Párate a escuchar todas las partes de tu cuerpo, qué implicación tienen en tu día a día, lo que te permiten hacer y qué piden o necesitan en el día de hoy.
2. Dedica un breve espacio de tiempo a cuidarte a tu manera con: un baño, dormir en sábanas blancas, salir a pasear al amanecer, leer tres páginas de un libro en el sofá, darte un pequeño masaje en los pies, en la cabeza, en las cervicales... Quizás el mejor gesto sea un abrazo a ti mismo...
3. Agradécete y disfruta este momento. Tú escoges a qué le das valor de estar presente, con el significado y motivación que tu elijas.
4. Dedica esta práctica al beneficio de todos los seres humanos.

ALEGRÍA Y SATISFACCIÓN

No dejaré que nada de lo que me pase
altere la alegría de mi mente.
Porque siendo infeliz no conseguiré mis deseos
y degenerarán mis méritos.

Shantideva

La alegría es una emoción que nos conecta con un estado de bienestar y que no está forzosamente relacionada con los sucesos que pasen, esto es, puede ser más estable debido a la predisposición interna o a una actitud vital, tal y como expone la cita anterior. Puede cambiar nuestra vida y nuestra forma de pensar. Todos podemos decidir cómo «alimentar» nuestra mente y nuestro corazón, ya que la alegría nos ayuda a vencer los pensamientos negativos al abrirnos a innumerables aspectos favorecedores que suceden en nuestro interior y a nuestro alrededor. Por tanto, ponemos la atención en esta predisposición que contribuye a la felicidad propia y ajena.

Todo guarda un cierto equilibrio. De hecho, el desequilibrio nos mueve a buscarlo. Esta tendencia a buscar, por no sentirnos satisfechos con lo que tenemos, con lo que somos o con lo que sabemos, es lo que ha motivado a la humanidad a realizar grandes eventos que puedan ser fuente de beneficio para muchas personas. Ahora bien, el otro extremo es el sentimiento de insatisfacción permanente, de ambición desmedida, con el cual, cuando ya se ha conseguido lo que se buscaba, se pone de manifiesto el carácter temporal de nuestra satisfacción y de inmediato se busca otra meta, sin darnos tiempo a saborearla. Se entra así en una espiral que no se puede calmar.

La satisfacción tiene que ver con nuestro interior; nos permite encontrar la calma que nos ayuda a ser felices tal como somos y con cierta independencia de las circunstancias particulares que nos toca vivir. Se trata de un estado mental, basado en la ecuanimidad y la calma mental, que no impide aspirar a algo mejor o hacer cosas para prosperar. Es decir, podemos saborear las múltiples funciones de nuestro cuerpo que evolucionan correctamente, las relaciones que tenemos, nuestras actividades, sentir que con cada paso o con cada respiración tenemos suficiente para continuar vivos o comprobar que esta naturaleza que nos rodea, con innumerables especies animales y plantas, es, en definitiva, una maravilla. Como dice Thích

Nhất Hạnh (2012): «Ya estoy en casa», pues en cada momento y situación podemos estar en calma y en contacto con nosotros mismos y saborear el presente con satisfacción.

Una manera de no sentir satisfacción es el hábito de comparar, que tenemos muy enraizado. Pero la comparación con el pasado no es muy útil, ya que todo cambia y cada época es diferente. Dejar ir el pasado (que solo se encuentra en nuestra mente, debido a que ya no está), haya sido doloroso o placentero, será un acto que pasará a ser relevante para poder ampliar la vivencia del presente. La comparación con otras personas también es poco aconsejable, ya que siempre habrá alguien que esté en mejores condiciones y alguien que se sentirá o se encontrará en peores circunstancias. La comparación puede activar la predisposición a sentir carencia debido a que se puede querer buscar lo que falta. Por el contrario, centrarnos en lo que tenemos de similar resulta más saludable.

Si no somos capaces de vivir en el presente y aceptarlo tal como es, nunca podremos sentir que tenemos una vida plena. La satisfacción nos libera de los deseos insaciables que nos impiden estar abiertos para dar, recibir y dejar fluir nuestra energía permitiéndonos dirigirla de forma consciente hacia aspectos positivos. Coincidimos con Murdoch y Oldershaw (2009) en que la satisfacción contribuye a nuestra felicidad. Este tipo de satisfacción no conduce a la pasividad, como pueda parecer, sino a un estado prolífico en el cual surge la motivación amorosa y la acción compasiva de poder compartir este estado con otras personas.

A continuación reproducimos un texto del lama Guendun Rinpoché que refleja este estado de no tener expectativas, el cual posibilita la satisfacción espontánea, inspirándonos para conectar con una mente relajada, suelta y, por tanto, alegre y satisfecha:

La felicidad no se consigue
con grandes sacrificios y a fuerza de voluntad;
ya está presente en la relajación abierta y en el soltar.
No te esfuerces, no hay nada que hacer o deshacer.
Todo lo que aparece momentáneamente en el cuerpo-mente no
tiene ninguna importancia,
sea lo que sea tiene poca realidad.
¿Por qué implicarse en ello y después aferrarse? ¿Por qué emi-
tir juicios sobre esto y sobre nosotros?
Es mucho mejor dejar simplemente que todo el juego pase por
sí mismo,
surgiendo y replegándose como las olas —sin alterar ni mani-
pular nada—
y observar cómo todo se desvanece y
reaparece mágicamente, una y otra vez, eternamente.
Es nuestra búsqueda de la felicidad
lo único que nos impide verlo.
Es como perseguir un arco iris de vivos colores al cual no llegas
nunca,
o como un perro intentando atrapar su propia cola.
Aunque la paz y la felicidad no existen
realmente como una cosa o como un lugar,
están siempre disponibles
y te acompañan a cada momento.
No creas en la realidad
de las experiencias buenas y malas,
ya que son tan efímeras como el buen tiempo y el mal tiempo,
como los arco iris en el cielo.
Deseando aferrar lo inaferrable,
te agotas en vano.
En el instante en que abres y relajas este apretado puño del afe-
rramiento,

ahí está el espacio infinito, abierto, seductor y confortable.
Sírvete de esta espaciosidad,
de esta libertad y tranquilidad natural.
No busques más.
No te adentres en la enmarañada selva
siguiendo el rastro del gran elefante despierto,
porque ya está en casa descansando plácidamente
delante de tu propio hogar.
Nada por hacer o deshacer,
nada a forzar, nada a desear, nada falta.
¡Emahó! ¡Qué maravilla! Todo pasa por sí mismo.

¿QUIERES PRACTICAR?

Práctica sobre una actividad cotidiana

Prueba a realizar una actividad cotidiana sin esperar ningún objetivo distinto de lo que pasa. Es bueno que sea una actividad repetitiva como ducharse, caminar, cocinar, limpiar la casa, observar un árbol, una flor, un animal, un paisaje o los ojos de alguien amado, sin esperar nada más. Y siente que, si te lo permites, ya es suficiente. A cada momento podemos permitirnos dejarnos ir, sentir y estar satisfechos… sin evitar la alegría. ¡A veces incluso podemos tener miedo de estar alegres!, como una especie de precaución por no estar preparados cuando vengan momentos peores. ¡Qué incongruente estar mal para prevenir estar peor…! Solo tenemos el momento presente, por lo que la única forma de trabajar el futuro es trabajando el presente. A veces al recordar de manera excesivamente repetitiva hechos pasados dolorosos nos negamos estar abiertos a estar satisfechos con lo que ocurre ahora. No abogamos por no recordar ni anticipar, sino por ampliar la luz de la conciencia del momento presente, que disminuye de forma natural anclarse en el pasado o estar permanentemente en un futuro que nunca llega.

Mirada alegre a lo largo del día

Al despertarte, escoge y escribe conscientemente una frase o una palabra que transmita una intención alegre en la actitud que tengas hacia el nuevo día. Utilízala para observar tu día y contemplarlo desde este punto de vista, con estas «gafas». Fíjate en los pequeños detalles del mismo con los que te sorprendas a cada momento y que te puedan llenar de satisfacción.

Práctica sobre lo que tenemos en común entre nosotros

Otra práctica que te proponemos es la siguiente: en cualquier situación en la que observamos a alguien y miramos lo que tiene, lo que no tiene y nos comparamos... habitualmente incrementamos la tendencia de nuestros sentimientos de inferioridad, necesidad de aprobación, envidia, deseo... Pero cuando nos demos cuenta, haremos el esfuerzo de buscar lo que tenemos en común, en qué cualidades somos similares. Aunque nos puede costar, de manera progresiva encontraremos aspectos parecidos tanto externos como internos. Se puede sentir una gran satisfacción cuando uno cree que forma parte de una humanidad compartida, en igualdad: la satisfacción que nace de abrir la mente y el corazón. Una satisfacción y una alegría que no emanan del deseo o del placer, sino de algo mucho más profundo, natural y estable.

Práctica de alegrarse por lo que pasa

1. Dedica una rato cada día a contemplar; por ejemplo, sentado en un banco de la calle y observando tu alrededor.
2. Alégrate de todo lo positivo que veas: una pareja cogida de la mano, un padre que camina con su hijo, una ambulancia que va a salvar a un enfermo, un semáforo que ordena el

tráfico e impide accidentes, coches que nos hacen la vida más fácil, la sombra que dan los árboles, etc. Alégrate especialmente de la suerte que tienes por darte cuenta y ser consciente. Y alégrate también de las alegrías de los demás. De hecho, si miras con otro prisma, se suman alegrías y puede ser beneficioso para todos.

3. Para finalizar, desea que todo el mundo pueda darse cuenta de la cantidad de aportaciones que nos llegan y de la infinita cantidad de aspectos satisfactorios que ocurren en el mundo, deseando que todos seamos felices.

Meditación alegría-satisfacción 🎧 14

Ponte en una postura cómoda, con la espalda erguida, en una postura digna que te permita descansar y estar presente.

Conecta con tu respiración, para poder centrarte en ella y dejar en «segundo plano» pensamientos, preocupaciones… para dejar de estar «en tu cabeza» y sentir todo tu cuerpo con el fluir de la respiración, inspirando y espirando, y, de nuevo, inspirando y espirando… Dedica unos minutos a calmarte, a aflojar, observando la respiración sin prisa, con tranquilidad, alargando poco a poco la inspiración, pero sobre todo la espiración. Utiliza la atención en la respiración para calmar indirectamente la mente. Dedícate solo a ello; no te intereses por nada más. Permanece ahí, acompañando ese ritmo que acuna y que permite la vida…

Es posible que te distraigas con preocupaciones o que te aburras de seguir «solo» el ritmo de la respiración, inspiración, espiración… Suelta todo ello y permítete estar solo en esta respiración, sin desear otra cosa… Contento, satisfecho. No hay nada más que hacer ni pensar… Solo permanecer en la respiración, ser con ella, solo respiración, inspiración, espacio-silencio, espiración, espacio-silencio. Nada más. No hay nada que controlar, ni conseguir. Solo respirar, con alegría, satisfacción.

Poco a poco, con paciencia, sentirás más calma, y en este momento decidirás cultivar la alegría. En el ámbito del deporte, te dirían que vas a entrenar. La realidad es que la alegría se puede entrenar, cultivar... Del mismo modo que si recuerdas el daño que una persona te hizo puedes cultivar o entrenar el rencor. La mente, igual que los músculos, es plástica. Por lo tanto, los estados mentales saludables y también los dañinos se pueden potenciar y entrenar. Tenemos el potencial tanto para lo bueno y saludable como para lo contrario. El potencial humano es extraordinario.

Para cultivar la alegría, recordarás a alguien que amas (una persona, incluso un animal) en un momento feliz, de dicha, sonriendo contento, sintiendo su bienestar. Visualízalo sonriendo, feliz. Y alégrate por él: qué bien que sea feliz. Esta es la motivación, el deseo: qué bien que sea feliz, que sea dichoso, que tenga éxito. Que la felicidad que siente y su bienestar crezcan. Que aumenten las causas y condiciones para su bienestar. Visualízalo feliz, sonriendo, cantando, bailando... Repítelo una y otra vez, con tus palabras e imágenes, hasta que la alegría se fortalezca. También la tuya: qué bien que seas feliz, que tengas las causas y condiciones para serlo.

Ahora, extiende esa motivación a otras personas que aprecias: familiares, amigos, compañeros de trabajo, vecinos... Cada grupo por separado, sin prisa. Qué bien que sean felices, que sean dichosos, que tengan causas y condiciones para el bienestar. Y los ves felices, incluso ves que tu deseo contribuye a su felicidad. Y sientes una inmensa alegría.

Inclúyete en el deseo: qué bien que yo sea feliz, dichoso, que tenga las causas y condiciones de la felicidad. Visualízate junto a tus seres queridos alegre, feliz, sonriente. En una conexión dichosa, mirándonos TODOS a los ojos, felices, con un corazón alegre.

Añade a todas las personas que puedas, incluso a otros seres vivos en esa motivación: que sean felices y dichosos. Visualízalos así. Que tengan las causas y las condiciones de la felicidad. Los ves felices y observas que estás contribuyendo a su felicidad, y tú también estás feliz, dichoso de aportar, de contribuir a un mundo feliz, a un mundo gozoso.

«Que todos los seres sean felices, incluído yo mismo. Que tengamos las causas y las condiciones para ello. Para ello voy a meditar, para ello voy a vivir».

ADIÓS

Todo cambia, nada es.
Nadie se baña en el mismo río dos veces
porque todo cambia en el río y en el que se baña.

Heráclito

TRANSITORIEDAD

Todo se acaba, lo sabemos bien. Pero vivimos en el autoenga-
ño, a menudo compartido socialmente, de que podemos alar-
garlo y estirarlo todo, como intentamos hacer al fotografiar
situaciones e instantes que pretendemos que sean eternos y recu-
perables. Sin embargo, no es así, pues siempre hay una última
vez para todo. Esto no es bueno ni malo, no es una tragedia ni
una broma de la existencia, simplemente es así. Y podemos vivir de acuerdo con esta realidad o de espaldas a ella. Si lo aceptamos, nos puede ayudar enormemente en el tema central de
este libro, la ética. Si tuviéramos presente la muerte no como
un hecho dramático, sino como una realidad que podemos
aceptar, podríamos sentirnos más vivos que nunca. Más vivos
para respirar, para mirar un paisaje, para dar la mano, caminar, amar... Al observar, con conciencia, nos encontramos con
la maravilla a nuestro alcance.

La finitud también nos acerca a nuestras prioridades, a aquello que damos particular importancia, a lo que nos dedicamos con especial motivación, interés y energía. Así, el presente se sitúa de nuevo en su dimensión real: sabemos que lo que vivimos no volverá a repetirse, por lo que merece toda nuestra atención, entrega y dedicación.

Una de las cuestiones que todos debemos afrontar es la de los duelos por lo que hemos perdido o por lo que se ha acabado; los tiempos vividos, relaciones que ya no existen, trabajos, actividades, etapas… que ya no podremos volver a saborear igual. Todos tenemos que asumir despedidas y pérdidas. Pero necesitamos el tiempo, el proceso, para poder hacer el duelo de una manera adecuada. En estos procesos, los sentimientos que afloran son muy variados y «normales»: la rabia, por la rebeldía ante lo que hemos perdido, porque «nos han dejado»; la tristeza, por lo que no volveremos a vivir, por lo que ya no está… Pero, al inicio, podemos negar simplemente que la pérdida se ha dado, como una forma de protegernos del dolor de lo que ya es irrecuperable y hacerlo no de modo repentino, sino paulatino, para que podamos digerir mejor lo que ha pasado. Estos sentimientos afloran de manera espontánea, a cada uno de una forma personal, y nos los podemos permitir. Todo este proceso nos protege de hacer este tránsito por el duelo de un modo abrupto, aunque al final tendremos que aceptar la pérdida y abrirnos a otras vías, otros caminos posibles, otras personas a quien amar, que están en el presente, mientras haya vida. Cada uno hace el duelo como puede y como es y, por tanto, de acuerdo a como suele reaccionar ante determinadas situaciones. También debemos tener presente que en el proceso habrá «subidas y bajadas», no será algo lineal y progresivo: unos días, a ratos, nos parecerá haberlo superado e incluso nos sentiremos mal por estar más o menos bien; otros días, en cambio, nos parecerá que el dolor no ha variado. Pero, finalmente, todo cambia y todo se transforma. No hay nada permanente.

También debemos aceptar que el adiós implica un «hola» posterior. Se puede encajar con otras personas y ello permite afianzar lazos, acompañarnos entre los que nos quedamos, compartir la tristeza y llenar el dolor con los recuerdos de los buenos momentos. Siempre hay alguien a quien dedicarse, al que necesitamos y quien necesita de nuestra compañía y ayuda, sin olvidar dedicarnos tiempo también a nosotros mismos.

La pérdida de los seres amados es de los duelos más difíciles de superar y que, inevitablemente, tendremos que afrontar. Pero, como también sabemos, depende del significado que le demos. Veamos lo que expresa, de nuevo, Thích Nhất Hạnh (2004):

> Es como una nube en el cielo. Cuando la nube ya no está en el cielo no quiere decir que la nube haya muerto. La nube continúa en otras formas, como lluvia o nieve o hielo. Así que uno puede reconocer su nube en sus nuevas formas. Si sientes mucho afecto por una bella nube y si tu nube ya no está más aquí, no deberías estar triste. Tu querida nube se ha convertido en lluvia diciéndote: «amado o amada, ¿no me ves en mi nueva forma?». Y entonces no serás golpeado por la pena y la desesperación. Tu ser querido continúa siempre. La meditación te ayuda a reconocer su presencia constante en nuevas formas.
>
> Nuestra naturaleza es la naturaleza sin nacimiento y sin muerte. La naturaleza de la nube también. Una nube no puede morir nunca. Una nube puede volverse nieve o granizo o lluvia, pero es imposible para una nube pasar de «ser» a «no ser» y esto es verdadero para tu ser amado. Él no ha muerto, él continúa en muchas formas nuevas. Y uno puede mirar profundamente y reconocerlo en uno y alrededor de uno.

Acompañar a un ser querido en los días y momentos anteriores a su muerte es inestimable, pudiendo facilitar el recuerdo de los buenos momentos vividos, lo que ha aportado y deja como una buena «herencia». Este recorrido es un proceso que ayuda a que la persona que está en este tránsito pueda vivirla con más paz y calma. Hace falta que el que acompaña esté presente y, en estas circunstancias, puede que no sea una tarea fácil, pero es inmensamente necesaria. Deviene la última ayuda sincera y amorosa. Es importante vivir esta presencia sin miedo, si bien es natural y habitual el miedo y la angustia que a menudo sentimos en una despedida; pero también contamina esos momentos únicos. Cuando un ser inicia su vida es algo mágico: vemos un bebé recién nacido y solemos pensar: «¿Cómo es posible? Tan pequeño, qué milagro...». Y cada expresión, cada sonido que hace nos enamora. Con la despedida, muchas veces la pregunta es: ¿cómo puede ser posible que antes estuviera y ahora no? ¿Cómo puede ser posible que aún oiga su voz si ya no está? El hola y el adiós son momentos de enorme intensidad y belleza. Hace falta apreciar esta belleza natural, junto con el sufrimiento pertinente. Si apreciamos la serenidad de un adiós con plenitud, y no con desesperación, ayudaremos a que la persona pueda marcharse con tranquilidad y calma: un estado que se merece tanto el ser que se va como el que se queda.

El que se queda puede continuar viendo al ser querido en todas las consecuencias de lo que ha hecho: en sus palabras y formas de ver la vida que nos acompañan, en los genes y gestos más sutiles de los hijos o de los nietos, en sus objetos más preciados, en el aire que compartimos del mismo espacio, en la comida preferida, las miradas, las palabras, las actitudes, la estima... Todos los momentos vividos que continúan en nuestra memoria componen una cadena interminable que en la realidad nunca acaba con la muerte. Y darnos cuenta de que hay amores eternos.

Por tanto, lejos de vivir una tragedia, si somos conscientes de la transitoriedad de todos los fenómenos, este hecho nos acercará a la intensidad de la vida, de nuestra existencia presente y del legado que realmente queremos dejar, siempre intentando que sea mejor que el que nos han dejado a nosotros, en el ámbito y comunidad al que cada cual se dedique. Como en una carrera en la que nos pasamos el testigo, ahora nos toca, a los que continuamos vivos, trasladar todo lo aprendido, todo lo vivido, todo el legado inestimable y, si es posible, mejorarlo.

Al fin y al cabo, la muerte es la gran maestra: la que nos dice qué es y qué no es importante, la que nos acerca a la finitud y al mismo tiempo a la intensidad del presente, la que nos iguala a todos, la que nos recuerda que lo importante es dar y recibir amor. Que el recuerdo del pasado no sea más intenso que el presente: si vivimos con intensidad el aquí y ahora y adoptamos esta actitud, la vida será más plena y tendrá más sentido.

Dedicar, en su honor, cada paso y cada momento a la persona querida que ya no está nos da energía, nos hace saber que está dentro de nosotros, que siempre nos acompañará. Así, podremos continuar compartiendo la preciosa vida humana que tenemos, ya que esta, afortunadamente, empuja.

He aquí un poema:

Que las lágrimas brotadas imparables
por tu ausencia —aparente—
rieguen la piel, corteza de los sentimientos más profundos,
y crezcan nuevos amores eternos
irrefrenables y frescos,
como la lluvia fértil en un día caluroso de verano
que hace emerger y da fuerza a nuevas hojas
que reavivan nuestro corazón dolorido.
Y se llene de nuevos y vivos colores
con los que nosotros, continuando con tu legado,
sepamos dar calor a otros corazones.
Qué sentido más claro, sencillo,
y al mismo tiempo vital,
ser a la vez amado y amante.

Que los mil detalles de estrecha compañía
que ahora rememoramos vívidamente
nos continúen recordando la importancia
de vivir con intensidad lo que ahora pasa ante
  nuestros ojos,
ya que se convertirán en futuros recuerdos también.

Núria Farriols

¿QUIERES PRACTICAR?

Haz una práctica de *mindfulness* para darte cuenta de los cambios constantes, tanto los obvios como los sutiles: en la propia respiración (cómo empieza, se acaba y vuelve a empezar); los sonidos que nos llegan y se acaban; las sensaciones y sentimientos; los diferentes cambios en nuestra vida...

Intenta estar cerca de las personas que se hallan en un proceso de muerte cercana, recordando todo lo bueno que han hecho para los demás, lo que les importa, lo que les gusta y lo que ha dado sentido a sus vidas.

Y cuando ya no estén, dedica a su memoria lo que hagas, en su honor, ofrécelo al amor compartido, porque siempre estarán contigo. Aporta el testimonio de todo lo que enseñaron y vivieron.

Vive cada día como algo nuevo e irrepetible, ¡ya que todo cambia! Suelta el pasado, reteniendo lo que hayas aprendido, y vive cada instante.

Permite la fluidez de las transformaciones naturales, del saludo y la despedida, disfruta de la magia de lo nuevo y de lo que se desvanece. Deslúmbrate por esta magia, porque parece que otras especies, que no tienen miedo de decir adiós, tampoco pueden preservar como herencia la historia del otro.

AMOR

GENEROSIDAD

*Aprenderemos los mejores medios para traba-
jar para el bienestar de las personas, animales,
plantas y minerales y practicaremos la generosidad compartiendo nuestro tiempo, energía y
recursos materiales con los que lo necesiten.*

Thích Nhất Hạnh

Y ahora dos frases de dos «pacientes» que no olvidaremos:

*Yo doy, lo que me dan lo agradezco y no me
preocupo de más.*

Conchi

*Cuido a mi suegra como si fuese mi madre, y
así lo hago porque me sale del corazón.*

Goya

La generosidad es la manera más sencilla de aportar felicidad al mundo, puede ofrecerse en cualquier momento y solo necesita contacto con los demás (de nuevo según Murdoch y Oldershaw, 2009), por lo que constituye una actitud que beneficia tanto al que la recibe como al que la da. Implica una mirada amplia, no egocéntrica, es decir, centrada en los demás y en el gozo de dar lo que creemos que puede ser útil. Es una actitud abierta, de soltarse, sin miedo a estar en carencia. Por lo tanto, está relacionada con la sabiduría, la ecuanimidad, la libertad y la comprensión de la naturaleza interdependiente de la vida: sabiduría para ofrecer lo que el otro necesita, no lo que nosotros queremos ofrecer; ecuanimidad para ser equitativo y no tener aversión ni dependencia; libertad para estar abierto desde el corazón, sin obligaciones; y la colaboración armonizadora, con una mirada amplia que incluya lo mejor para el bien común. Asimismo también es necesario que haya equilibrio; por ejemplo, al facilitar que los demás puedan ser generosos y al potenciar la generosidad también hacia uno mismo. Fijémonos en este aspecto, lo que se denomina el «egoísmo sano»: cuidarse a uno mismo, de forma generosa, amable, con suavidad y a la vez con firmeza, es el primer paso que puede facilitar la generosidad, que brota de forma abundante y espontánea. Y no olvidemos que beneficiando y cuidando a los demás de manera sincera, con generosidad, el primer beneficiado es uno mismo, porque nos abre el propio corazón y nos armoniza con nosotros mismos y con los demás, actitud que hace que todos nos sintamos bien.

La generosidad es estar disponible, presente y valorar la presencia y el bienestar de la otra persona o, dicho de otro modo, como expresa breve y clararamente Thích Nhất Hạnh, «estoy aquí para ti».

La motivación con la que ofrecemos nuestra generosidad es lo fundamental, sin esperar el retorno. Es una motivación con una dirección adecuada, como hemos comentado con anterioridad: la búsqueda de armonía para los demás.

Se ha hablado mucho de los instintos humanos que nos han facilitado y asegurado la supervivencia en nuestro planeta. Pero hay uno que se comenta menos: el instinto de alimentar a otros, de proporcionar nutrición y, por tanto, vida. Y esta es la actitud generosa, que también produce satisfacción y placer a quien la despliega.

En las múltiples relaciones humanas de las que los psicólogos somos observadores y participantes en la práctica clínica, se produce un elevado desajuste en numerosas ocasiones entre las que se establecen entre padres, madres e hijos, parejas y amistades; personas excesivamente dedicadas, con buena voluntad y con una pretendida generosidad que, sin embargo, no ayudan a que el otro crezca. Es por este motivo por el que la generosidad ha de estar profundamente entretejida con la sabiduría de modo que no haya desequilibrios como el de que una persona se agote —aunque por otro lado tenga un sentimiento implícito de capacidad— y la otra esté excesivamente cuidada —aunque en el fondo se sienta con poca capacidad para hacer frente a las dificultades de la vida—. La intención vuelve a ser clave: cuando se da, si se hace desde el corazón, la persona que ofrece también se llena. Así, cuando uno se encuentra en una situación en la que hay que ayudar, tiene la conciencia de hacer lo que hay que hacer y de llenarse haciéndolo. Desde esta posición no se da con tanta intensidad el agotamiento, sino más bien al contrario, mientras se dé lo que el otro necesita, no lo que uno mismo necesita dar, apartándose del papel de «salvador». Desde la perspectiva del interser, no es relevante quien da ni quien recibe, ni lo que se da, pues todo es interdependiente. Así es posible hacer lo adecuado en el momento oportuno.

Las personas que han recibido un trato vejatorio, violento, discriminatorio y lleno de insultos, especialmente por parte de sus progenitores, y que aun así muestran una actitud decidida a cambiar esta tendencia con sus hijos, son auténticos héroes y heroínas por ser capaces de transformar las posibles consecuencias en sus descendientes. Los llamamos «giratortillas», esto es, personas con capacidad de dar la vuelta y transformar las condiciones, así como de conseguir un mejor presente y futuro para aquellos que los rodean. Desde aquí nuestra admiración y respeto, y un sentido homenaje a su capacidad de ser generosos, a pesar de no haber recibido generosidad con la misma intensidad.

¿Y si también debemos ser generosos con el planeta Tierra? Ahora hablamos de la Tierra como si fuera un ser vivo. ¿Y si, de hecho, lo fuera? Es el momento de hablar de la teoría Gaia.

La hipótesis Gaia, formulada por el incombustible Dr. James Lovelock, viene a decir que nuestro planeta puede considerarse un ser vivo. Se trata de una teoría extraordinaria, rompedora en su momento, pues entonces costaba aceptar que la Tierra se autorregula de la misma manera que lo hace un ser vivo. Pero cuando se reflexiona sobre ello, rápidamente se ve la increíble consistencia de esta teoría. Este químico no ha tenido problemas a la hora de defenderse de los detractores de su hipótesis; siempre ha tenido numerosos argumentos a favor que han ido derribando los ataques formulados por otros científicos. Simplifiquemos al máximo la teoría y consideremos por un momento que la Tierra está viva, es decir, que por sí misma es un ser vivo. En un primer instante podemos pensar que la biosfera, la parte viva de la Tierra, es muy pequeña si la comparamos con todo el manto y el núcleo, las capas internas completamente inertes. Pero enseguida nos despreocuparemos si comparamos la Tierra con un árbol y pensamos que, cada invierno, más del 90 % de la composición de cualquier planta de hoja caduca consiste en materia completamente muerta. En una ocasión, un alumno me dijo que la Tierra no come y, por consiguiente, no puede crecer como hacen todos los seres vivos, aunque en algunos casos sea difícil de apreciar. Lovelock nos diría que la Tierra crece: cada día llegan toneladas de polvo interestelar, materiales procedentes del espacio que son atraídos por la fuerza de la gravedad. ¡Por supuesto que come! En todo caso, si se prefiere, recibe e incorpora materia (¡y energía! ¡Fijémonos en la cantidad que nos llega del Sol!) constantemente.

Ilya Prigogine, premio Nobel de Química en 1977, hablaba de la vida como la «termodinámica del no equilibrio». Una de las leyes de la termodinámica afirma que en todo sistema (podéis elegir la parte del universo que deseéis, de cualquier tamaño) la entropía aumenta o se mantiene constante. La entropía se puede definir como la magnitud física que mide el grado de desorden molecular que tiene un sistema. Y a muchos nos gusta simplificar y reducir esto a que la entropía es el grado de desorden de un sistema. Pues bien, que el grado de desorden de cualquier sistema aumenta es fácil de aceptar: imaginemos un sistema delimitado por las paredes de nuestra habitación o por las dimensiones de una librería. Si no invertimos mucha energía para mantener el orden, todo se desordenará: en la librería sacamos y volvemos a guardar libros; pero ¿y en nuestra habitación...? Al parecer, los sistemas vivos tienden a disminuir la entropía, siempre según el modo en que delimitemos el sistema que estudiamos. Un organismo vivo que muere se deshace, se desintegra debido a la actividad de descomposición ejercida por las bacterias y los hongos. Pero mientras se mantiene vivo supera esta tendencia al desorden manteniendo una estructura aparentemente constante y fácil de identificar. Bonito, ¿verdad? Sobre todo si además observamos que parece que la Tierra mantiene un maravilloso orden...

Ser conscientes de la fortuna que representa reconocer esta propiedad que llamamos «vida», que la materia ha desarrollado en la Tierra (y posiblemente en muchos otros planetas), es fabuloso. La simplicidad que representa darse cuenta de que el 99 % de la masa de nuestros cuerpos corresponde a átomos de solo cuatro tipos de elementos (carbono [C], hidrógeno [H], oxígeno [O] y nitrógeno [N]) contrasta con la complejidad del funcionamiento de los cuerpos vivos que vamos descubriendo día a día. Para ser generosos de verdad, es necesario saber cómo somos y dónde nos integramos.

¿QUIERES PRACTICAR?

Alégrate de las alegrías de los demás igual que de las propias. Esta es una actitud generosa con los demás y contigo mismo, ya que multiplicas las posibilidades de alegrarte. Con algunas personas te puede resultar más fácil que con otras y, si vas practicando, cada vez será más sencillo.

Dedica todos los días unos minutos o algo de tiempo sin hacer nada más que alegrarte por lo que tienen los demás (alégrate de los que son altos, de los que tienen dinero, de las parejas, de los niños que van al colegio porque pueden aprender mucho, de los que juegan…). Alégrate de las cualidades de los demás.

Por otra parte, permanece atento cada día y sé consciente cuando rechazas o criticas algo por sus rasgos, ya que los celos o la envidia pueden estar detrás de dicha actitud: alégrate de estas cualidades. Si no se te ocurre algo para alegrarte, repite la frase «que te vaya bien en la vida, que seas feliz» interiormente con los que te encuentres o a los que tienes envidia. Poco a poco dicha actitud se integrará y será más natural.

Observa cómo te sientes cuando eres generoso y cómo haces sentir a los demás; por el contrario observa también cómo te sientes cuando solo te centras en ti mismo.

Os invitamos a ver el vídeo de Thích Nhất Hạnh *Mano derecha, mano izquierda,* que refleja la generosidad espontánea gracias a tener una visión amplia del conjunto, y también, de forma breve, cómo trabajar las comparaciones estériles entre las personas desde la visión del interser. Está disponible en YouTube (https://www.youtube.com/watch?v=9ORzDVGhusY).

ALTRUISMO

El que no vive para servir, no sirve para vivir.

Madre Teresa de Calcuta

El altruismo es la voluntad y motivación de favorecer y beneficiar a los demás de manera abierta, desinteresada y libre. Por lo tanto, es una contribución a aumentar la felicidad de los demás, siendo lo contrario del egocentrismo. La mejor metáfora que lo representa es la de esparcir semillas con el fin de diseminar y extender el beneficio para todos.

Curiosamente, podemos confundir el altruismo con la capacidad de dar de forma sistemática, compulsiva y sin criterio. El altruismo se basa en la sabiduría que permite aportar lo adecuado para el bien propio y para el del otro. Es decir, tanto al dar como al recibir podemos ser altruistas, ya que ambas acciones implican un beneficio para todos, los que reciben y los que dan.

Esta actitud de buscar el beneficio de los demás, lejos de empobrecer, enriquece, pues hace crecer y a la vez llena a quien lo siente y lo practica. Es una actitud que va más allá de las expectativas o de las obligaciones.

La igualdad en los aspectos básicos de las personas y la interdependencia entre nosotros hacen que comprendamos mejor el altruismo. Ayudar y ayudarnos es algo necesario y satisfactorio para todos.

Ayudar de forma altruista da sentido a nuestras vidas, aporta satisfacción y bienestar a todos. Es la fuente de la vida, ya que sin esta actitud no es posible la supervivencia ni la felicidad.

¿QUIERES PRACTICAR?

Ya que muchos tenemos muy presentes en la cotidianidad las nuevas tecnologías, utilicemos estas no como un sucedáneo de la conexión que tanto necesitamos con otras personas, sino como un potenciador de lo primordial: la intención real y consciente de establecer dicha conexión. Ahora bien, siempre con control. Resulta práctico reservar tiempo para dedicar a otras personas de forma altruista, sin móviles, televisión o internet; así, por ejemplo, durante las comidas, que son buenos momentos para compartir, podemos estar «conectados» con todos los que hay en la mesa. Tanto en estos como en otros momentos, cada día, puedes ser altruista con alguien haciendo algo sin interés personal y luego observar cómo te sientes.

INTERSER

Somos como islas en el mar, separadas en la superficie pero conectadas en la profundidad.

William James.

Un ser humano es parte de un todo, llamado por nosotros Universo, una parte limitada en tiempo y espacio. Se experimenta a sí mismo, sus pensamientos y sentimientos como algo separado del resto. Esta separación es una especie de ilusión óptica de su conciencia. Esta falsa ilusión es una especie de prisión para nosotros. Nos limita a nuestros deseos personales y a dar afecto solo a las personas cercanas. Nuestra tarea debe ser liberarse de esta prisión ampliando nuestro círculo de compasión, incluyendo todas las criaturas vivientes y toda la naturaleza en su belleza.

Albert Einstein

Todo el universo está conectado y mantiene una relación intensamente imbricada entre sí. Es probable que este sea un pensamiento que muchos compartamos y con el que, con seguridad, estemos de acuerdo, ya que así se avala en ámbitos tan diferentes como la economía, la ecología, la política, la historia, nuestro cuerpo, el funcionamiento de distintos grupos humanos, etc. Pero no se trata de pensarlo, sino de sentirlo en profundidad.

La ilusión del sentimiento de soledad, de verse separado, por ejemplo, es exactamente eso, una ilusión, no una realidad. Uno de los sentimientos que pueden provocar más sufrimiento es este. Y, si nos fijamos, todo lo que somos ahora, todo lo que pensamos o hacemos, ha estado relacionado con otras personas, con otros hechos y circunstancias múltiples que han sucedido en el transcurso del tiempo en una cadena interminable de eventos.

Si pensamos en una piscina, en la que los carriles están marcados por pequeños flotadores que identifican sus límites, vemos que la partición es solo una apariencia superficial, porque, por debajo, el agua de toda la piscina es la misma. Y es igual o similar al agua de diferentes lugares. Del mismo modo, los conceptos nos hacen pensar en entidades separadas que, si bien lo son en apariencia, no tienen una existencia independiente, ya que esto no sería viable. Por lo tanto, los límites entre seres diferentes son difusos y aparentes, canjeables en el tiempo, a pesar de que nos parezcan inmutables. Solo desde la interrelación es posible la vida.

Alfred Adler (2014), psiquiatra que nació en 1870, ya señaló un concepto fundamental en su teoría: el sentimiento de comunidad. Ni la persona más aventajada materializa sus proyectos sin la contribución de la comunidad en la que vive y con la que se relaciona. En la persona saludable, según Adler, el sentimiento de comunidad prevalece sobre la voluntad de tener poder. El sentimiento de comunidad implica tanto el sentimiento de pertenencia (sentirse querido y valorado) como la capacidad de cada uno para contribuir a la comunidad, es decir, de tener presente no solo el propio beneficio, sino el del conjunto. Este sentimiento es innato, pero también se puede potenciar con la educación entendida en sentido amplio, esto es, la que nos facilitan todas las personas que nos rodean: familiares, amigos, educadores o compañeros. El concepto del sentimiento de comunidad es incorporado a la terapia de Albert Ellis (1990), una de las denominadas «terapias cognitivas» más relevantes, como uno de los componentes imprescindibles. Sin embargo, dicho concepto no se contrapone a la autoestima, que es incuestionable.

La «buena educación» consiste, pues, en aprender a potenciar el propio desarrollo, con fortaleza, para poder potenciar y facilitar así el de los demás. Por lo tanto, la intención del beneficio propio no consiste en una mera acumulación de bienes, conocimientos o popularidad para alimentar el egocentrismo, sino en todo lo contrario; de esta manera, se puede potenciar mucho más la ayuda a nuestro alrededor.

En la educación de los hijos y, en general, en todas las comunidades, es muy importante este equilibrio entre el cuidado de uno mismo y el de los demás. Si un hijo recibe mucho de sus padres o de los adultos cercanos, pero no observa el mismo cuidado que ellos mismos deben tener y preservarse, no percibirá este equilibrio y es posible que se convierta en una persona tirana, egocéntrica, en la cual no se haya potenciado este sentimiento de comunidad tan necesario. Este hecho dificultará que el hijo pueda compartir y conectar con las necesidades ajenas a la vez que con las propias.

El detrimento y la minusvaloración de uno mismo y de los demás se convierte entonces en «la mala educación». Que siempre estén primero «los otros» y no cuidemos de nosotros mismos no es una actitud saludable. De manera sintética, la asertividad consiste en la preservación de este equilibrio, en el cuidado de uno mismo y de los demás, en afirmar que «estoy a tu favor y también a mi favor», y se contrapone a posturas denominadas «pasivas» («estoy a tu favor, pero no a mi favor») o «agresivas» («estoy a mi favor, pero no a tu favor»). Por lo tanto, la asertividad consistiría en equilibrar las necesidades de todos y no solo en una mera defensa de las propias, si la relacionamos con el concepto del «interser». La leyenda de san Martín es la que mejor representa la asertividad: el santo ofreció la mitad de su capa a una persona que no tenía ropa y que pasaba frío, pero él se quedó la otra mitad.

Desde esta perspectiva, el sentimiento de igualdad entre las personas es crucial, ya que, básicamente, todos queremos lo mismo: sufrir lo menos posible y conseguir el mayor bienestar y la mayor felicidad y satisfacción posibles. Al incorporar la igualdad entre nosotros y observar nuestra humanidad compartida, podemos potenciar el sentimiento de comunidad (¡somos más de 7350 millones de personas en el planeta! Centrarse solo en uno mismo implica una ausencia de sabiduría). Solo desde la implicación en proyectos comunitarios encontraremos la plenitud.

Pero la interdependencia de la que hablamos va más allá: no solo es algo que concierne a la comunidad humana, sino también ¡al resto del universo! Y no es una forma de hablar. Todos formamos parte de una cadena de cooperación que hace posible la vida, el bienestar; nadie es superfluo ni debe ser indiferente. Incluso las condiciones que nos parecen adversas nos ayudan a desarrollar cualidades.

Recuperemos la frase de Albert Einstein que abría este capítulo: sí, todo está interconectado. Hagamos el ejercicio de imaginarnos tan pequeños como un átomo. ¿Cómo veríamos todo el entorno? ¿Apreciaríamos los límites que se hacen evidentes con las dimensiones que tendríamos? La imagen del entorno sería similar a la de un cielo nocturno muy estrellado. Esta vez, sin embargo, cada estrella correspondería al núcleo de un átomo. Ahora imaginémonos tan grandes como el espacio que ocupa todo el universo que conocemos. ¿Cómo veríamos todo el entorno? El universo conocido se nos aparecería como un objeto... ¡sólido!, y de una forma bien definida que, según los últimos estudios, podría ser similar a una silla de montar a caballo o de doble cono simétrico por el vértice. En todo caso, el universo no es tan esférico como parecía hace unos años.

Sí, todo está interconectado: cuando nos movemos, dejamos a nuestra espalda una estela de células que vamos perdiendo y que vamos renovando. Principalmente, son células de la piel (¡es evidente que no vamos perdiendo neuronas por el camino!). Las perdemos constantemente por cientos de miles cada minuto. No hay que preocuparse, esto es buenísimo. Las células del tejido epitelial que hay debajo de las más externas las irán sustituyendo. ¿Por qué explicamos esto? Porque si bien nos cuesta imaginar nuestros átomos, puede que no nos cueste tanto imaginar nuestras células (son bastante más grandes que los átomos) y cómo estas interactúan con el entorno. Del mismo modo que cada uno de nosotros va dejando células por el mundo, cualquier otro ser vivo también pierde y renueva sus células. Y todo lo que no está vivo pierde y acumula los materiales que lo componen: las rocas se erosionan, el agua líquida se evapora... los átomos y las moléculas de todo lo que existe se mueven constantemente dentro de un todo.

Cada vez que comemos ingerimos una cantidad extraordinaria de átomos, moléculas y células proveniente de otros seres vivos. Cada vez que respiramos inhalamos otra cantidad extraordinaria de átomos, moléculas y, sí, también células, provenientes de los gases de la atmósfera y las pequeñísimas partículas que hay en suspensión. Cada vez que nos metemos en el mar y tragamos un sorbo de agua volvemos a introducir en nuestro cuerpo una grandísima cantidad de materia (salada, ¡eso sí!) que contiene de todo. En una gota de agua de mar encontraremos prácticamente todos los elementos que necesitamos para vivir sanos, pues el agua de mar es muy rica, ¡lástima que tenga tanta sal!

Sí, todo está interconectado y darse cuenta de ello, ser conscientes, nos permite disfrutar de un estado de bienestar, alegría y un espacio magnífico. Si se aprecia en toda su profundidad, ¡adiós a la soledad!

Y si todo está interconectado, ¿cómo explicar qué es la vida? ¿Cómo intentar explicar qué somos? ¿Solo porciones de esta materia interconectada? Para empezar, hay que ser muy conscientes de que apreciamos el mundo en función de nuestros sentidos y de nuestras capacidades, y de que cada día lo conocemos con más detalle gracias a los instrumentos, limitados, que la humanidad ha ido construyendo por medio de la tecnología. Ahora que hemos hablado de la interdependencia de toda la materia, de la energía (no olvidemos que materia y energía son como las dos caras de una misma moneda, como demostró Einstein: la energía se puede definir como el producto de la materia por la velocidad de la luz elevada al cuadrado; $E = m \, c^2$) y de la conciencia (porque, si no, ¿cómo podríamos conocerlas?), insistiremos en el hecho de que tenemos una idea bastante concreta de nuestro entorno que se ajusta a un rango dimensional determinado. Así pues, tenemos una idea menos precisa fuera de este rango y muy difusa si nos imaginamos los límites más lejanos del mundo (tanto los de la inmensidad del universo como los de la pequeñez de los átomos y las partículas subatómicas).

Las personas formamos parte de esta maravillosa capa del planeta Tierra que es la biosfera, una capa constituida por el conjunto de la materia viva y el espacio en la que se dan las condiciones adecuadas para que se desarrolle la vida. Afortunadamente, cada vez somos más conscientes de la importancia del simple hecho de formar parte de ella. Esta conciencia hace que nos planteemos cambios paradigmáticos tan importantes como, por ejemplo, si debemos seguir siendo depredadores o carnívoros. El número de personas que se suma al vegetarianismo o al veganismo no por participar de una nueva moda, sino como algo muy reflexionado y consciente, crece año tras año. Quizá sí que podamos vivir de un modo saludable sin matar para alimentarnos. A muchas personas nos gusta la idea. Pero no entraremos ahora en este tema sobre dietas porque nos alejaríamos demasiado de nuestro objetivo. Eso sí, como ejemplo de los planteamientos que podemos desarrollar gracias a la conciencia de lo que somos, nos parece válido. Otro ejemplo precioso es el de la hipótesis Gaia de Lovelock, en el que profundizaremos un poco más adelante. En todo caso, situarse dentro de la complejidad de la materia viva y adquirir conciencia de que las personas solo somos una especie más dentro de los millones que conforman la biosfera es muy necesario.

¿QUIERES PRACTICAR?

Meditación sobre la comida 🎧 15

1. Dedica un tiempo y prepárate para hacer esta meditación.
2. Piensa en un comportamiento concreto como, por ejemplo, en el acto de comer. Haz la práctica con los ojos cerrados cogiendo un alimento antes de comerlo. Nota su textura, su forma, su olor... Abre los ojos y observa el color, los matices, la forma... Cómetelo y aprecia, con paciencia, el sabor, la textura, los sonidos que se producen al masticarlo...
3. Reflexiona sobre todas las circunstancias óptimas necesarias para que ese alimento haya llegado hasta ti. Las condiciones necesarias para que las plantas, animales, hongos, etc., puedan vivir son interminables. En primer lugar, circunstancias naturales: el sol, el agua, los minerales de la tierra, así como condiciones humanas: personas que con su esfuerzo han cuidado los alimentos, los han transportado, vendido...

4. Observa qué sentimientos se despiertan en ti. Quizá ser consciente de muchas de estas circunstancias pueda multiplicar el sentimiento de agradecimiento.
5. Piensa antes de comer en todo lo que nos aportan los alimentos, en sus propiedades nutritivas y curativas, así como en la cadena colaborativa de las personas y seres que intervienen, que a la vez dependen de otros. Y en último término, en que comer posibilita el hecho de poder estar vivos, gracias a toda la multiplicidad de condiciones comentadas.
6. En un alimento se encuentra todo el universo en conexión. Por lo tanto, lo tomas con agradecimiento y conciencia, para poder ser digno de él.
7. Si surge algún pensamiento o emoción negativo, como por ejemplo la avidez desconsiderada, pondremos la intención y el deseo de comer con moderación y consideración.
8. Dedica la práctica al beneficio de todos los seres humanos.

A modo de resumen, y como dice Thích Nhất Hạnh (2012):

> En este alimento observo la presencia de todo el universo que sostiene mi existencia, comemos con gratitud y moderación, alimentando la motivación de tener armonía y poder compartirla con los demás.

No solo son importantes las acciones (comer o cualquier otra), sino también la motivación que ponemos al realizarlas. La motivación básica puede consistir en contribuir al propio desarrollo y al de la comunidad. Todo lo que esté alineado con esta motivación va en la dirección adecuada. Cada día, por la mañana, ¡recuerda cómo la puedes potenciar!

Puedes asociarla con algún comportamiento (desayunar, beber agua, etc.) para que se convierta en un hábito saludable y con sentido, fomentando una actitud motivadora.

AMOR

Según nuestro criterio, el amor y la compasión son las cualidades «cumbre» en el ser humano, y también las más «esenciales». Es decir, un ser humano que vive con amor y compasión hacia todos los seres supone el mayor grado de crecimiento y maduración interna. Además, desde que nacemos —no sabemos si antes—, todos nuestros comportamientos están motivados por estas cualidades (ser feliz y no sufrir).

Otra consideración importante es que el amor y la compasión son la consecuencia del desarrollo de las cualidades anteriormente comentadas en estas páginas. Un ser humano humilde, ecuánime, honesto, paciente, generoso, que practica el perdón, vive en el amor y la compasión de forma natural.

Entendemos estas cualidades como una sola, como las dos caras de una misma moneda, inseparables: el amor, como el deseo de felicidad (y sus causas) para todos los seres (a continuación explicaremos algunas de esas causas); la compasión, como el mismo deseo frente al sufrimiento (deseo de liberación del sufrimiento y sus causas); cuanto más completo es este deseo, más seres incluye. Si es pleno no excluye nada ni a nadie. La puerta de entrada al mismo (amor/compasión) es la ecuanimidad (todos somos iguales). Sin ecuanimidad el deseo es siempre incompleto, parcial, condicionado a lo que los demás nos hagan sentir.

Creemos que lo que puede dar sentido a una vida es el propio camino, al practicar y desarrollar estas cualidades. Porque una persona que consigue desarrollarlas es la que más puede aportar y generar más bien en el mundo y, al mismo tiempo, la más feliz. Es como si se «cerrara el círculo»: crea felicidad y es feliz por ello. Este es «el norte» al que aspiramos y «el norte» que intentamos transmitir, con humildad pero con determinación.

Empecemos con el amor:

El verdadero mal siempre es la ausencia
de afecto y de un amor verdadero.

Karen Horney

El amor mueve; el temor retrae.

Ramon Llull

Lo contrario al miedo es el amor.

Anthony de Mello

Mientras que la mente nos hace percibir a los
demás de una manera particular, el amor nos
lleva a descubrirlos.

Juan Manzanera

El amor es luz, dado que ilumina a quien lo da
y a quien lo recibe. El amor es gravedad, por-
que hace que unas personas se sientan atraídas
por otras. El amor es potencia, porque multi-
plica lo mejor que tenemos y permite que la
humanidad no se extinga en su ciego egoísmo.
El amor revela y desvela. Por amor se vive y se
muere.

Albert Einstein

El amor es parte de nuestra naturaleza y nos reconcilia, nos armoniza con nosotros mismos y con los otros y es la base que conforma el vínculo entre los seres. Según Erich Fromm (2016),

el amor es un arte y no una pasión involuntaria; es una acción voluntaria que se puede desarrollar y, por tanto, aprender. El amor es, pues, una elección y una actitud.

Hay que diferenciar entre el amor a «otro», complementario al «yo», lo que puede convertirse en una experiencia emocional excesiva en la que uno no es sin el otro (y por lo tanto el «otro» es un sustituto del «yo»), y el auténtico amor, que es la entrega, la apertura al otro, la motivación y la participación en la felicidad del otro, dentro de lo posible.

Según Robert Sternberg (1989), el amor tiene tres cualidades: intimidad, pasión y compromiso, todas ellas necesarias. La primera hace referencia a la proximidad y la conexión, así como a la amistad y la confianza mutua. La pasión guarda relación con la atracción física y la necesidad de proximidad y de tener relaciones íntimas. La última cualidad, el compromiso, responde a la voluntad de seguir con la relación a pesar de las vicisitudes que puedan surgir.

La «normalidad» (lo que es habitual en la población en una época determinada) puede ser o no el camino más saludable o aconsejable. Muy a menudo es experiencia acumulada, lo cual supone una riqueza inalcanzable y nos ha ayudado a sobrevivir como especie. Pero, a la vez, lo común en un momento determinado, lo «normal», puede ser un conjunto de hábitos que no nos ayuden a ser mejores personas. Hoy en día podemos tener una serie de malos aprendizajes, del tipo: «cuanto más hago, más valgo», que fomenta la hiperactuación; «cuanto más me reconozcan, mejor seré», que solo pone énfasis en la valoración externa; «cuanto más trabajo y gano, más importante soy», que valora más la parte laboral que la relación humana y el amor a los cercanos. En la sociedad valoramos a quienes son muy «perfectos», muy «valientes», muy «seguros» o muy «activos». De nuestro vocabulario se han desechado palabras como «sabiduría», «ternura», incluso «amor», en pro de una aparente dureza que se confunde con la fortaleza. Lo que está por debajo es la búsqueda de uno mismo, de la autoestima, de la propia valoración en muchos reflejos y de mil maneras gracias al resto de personas y situaciones, pero sin tener que abrirse a amar realmente a quienes nos rodean.

La pregunta es: ¿dónde buscamos nuestra seguridad, nuestro bienestar, nuestra felicidad...? Y no es una cuestión teórica, sino muy práctica, que podemos encontrar allí donde dedicamos la energía y el tiempo en nuestro día a día. Con la respuesta a esta pregunta sabremos mucho de nosotros mismos, de nuestros miedos más escondidos, de nuestros propósitos y motivaciones, de dónde dirigimos nuestros esfuerzos, de lo que finalmente conseguimos para luego percatarnos de que tal vez no sea realmente importante... Cuando hablamos de la personalidad nos referimos a un estilo de percibir el mundo, de comportarse, de sentir y de pensar bastante estable, forjado en la infancia y la adolescencia y que se puede mantener en la adultez. Así, en nuestra personalidad podremos observar en profundidad cuál es nuestra dirección, si nos dirigimos «hacia el norte» o si tenemos una desviación importante. Este proceso de observarse y conocerse requiere valentía y autenticidad. A menudo necesitaremos algún tipo de ayuda externa para darnos cuenta del camino que seguimos, porque nosotros mismos, sin ser conscientes de ello, podemos proteger nuestra autoestima negando aspectos propios. Es decir, uno no parte del punto en el que está, sino de un espejismo inexistente del que no se puede salir y a partir del cual tampoco se puede avanzar. Por eso la humildad es el primer paso: aceptar, abrirse tanto a las capacidades como a los posibles errores e ir avanzando poco a poco.

Solo desde la fortaleza interna, y no desde la dureza, podemos amar. La dureza nos aleja, nos protege poniendo distancia. El miedo nos paraliza o nos hiperactiva, «nos para o nos dispara»; el amor, por contra, nos hace crecer. La fortaleza y la calidez nos permiten acercarnos, ayudar y ser ayudados y, por tanto, compartir y crecer juntos. Al fin y al cabo, somos seres que podemos transformar alimentos, o el aire, en amor.

Se puede vivir y pasar el tiempo sin norte, buscando la aprobación de personas a las que nunca le importarás, pretendiendo ganar mucho dinero o trabajar en exceso y no tener tiempo para disfrutarlos, o con múltiples «pasatiempos» de los que ahora fomentan las nuevas tecnologías. Interiormente, todos tenemos momentos de lucidez y conectamos con esta sabiduría que nos susurra si seguimos la dirección de nuestro norte. Y como parte de lo que elegimos como norte siempre puede estar nuestra ternura, una mirada cálida, amable, pequeños gestos hacia uno mismo y hacia los otros... con amor.

Todo tiempo sin amar es tiempo perdido. De forma integrada, es todo lo comentado hasta ahora: nuestra actitud activa de colaboración, gracias al sentimiento de igualdad; a la visión del interser, de la transitoriedad, ya que todo cambia y el momento presente es el más importante y contiene todos los demás. Es cuando podremos pasar «de planeta a estrella», de una actitud dependiente y poco libre a una abierta, espaciosa, con presencia y aportando claridad a uno mismo y a los otros, tanto con respecto a lo que se dice como con a lo que no se dice (aunque sí se percibe), solo desde la presencia y el amor. De hecho, el amor es el antídoto contra el conflicto irresoluble y, por lo tanto, lo que puede fomentar la paz y la armonía.

El propio método del *mindfulness* es amor: observa la experiencia presente sin juzgarla y sin expectativas. Y esa forma de observar es causa de felicidad. ¿Podrías mirarte así a partir de ahora? Obsérvate sin juzgarte y sin expectativas, por tanto sin autocrítica, sin culpas, con humildad... con amor. Así detectarías si tienes tendencias cognitivas y emocionales que no son «buenas» ni saludables; sin autocrítica, podrías no reaccionar ante ellas y no actuarlas. Y poco a poco cambiarían. También detectarías lo contrario, las tendencias «buenas» y saludables, y podrías responder, ejercerlas, y con ello crecer, madurar al desarrollando las cualidades que hemos comentado. Poco a poco ejercerías así el amor contigo mismo, dejarías de ser un conjunto de «etiquetas», «rasgos», «imágenes» y lo que la mente ha condicionado por tu pasado: miedos, inseguridades, creencias, juicios. Y empezarías a ser y a vivir en el presente, con amor. No se trataría de una imagen mental, sino de un proceso, una vida abierta, no separada y no en conflicto.

Verías a los otros de verdad, sin proyecciones, sin juicios, sin expectativas, no como una imagen, pues los descubrirías con amor, el amor. Y esta forma de mirar es causa de felicidad.

¿QUIERES PRACTICAR?

La tranquilidad de hacer poco, con conciencia, saboreando cada instante, no tiene precio. Es clave saber hacia dónde te diriges, cuál es el norte, al igual que ir poniendo las condiciones para no perderlo.

De nuevo, la práctica diaria del *mindfulness,* con constancia, entrenando la mente, puede aportar, como afirma Matthieu Ricard (2011), benevolencia, equilibrio y capacidad de recuperación, condiciones importantes para la expresión del amor y el altruismo. En la práctica puedes motivarte, en primer lugar, para sentir benevolencia, amor, cuidado, comprensión y ternura hacia ti mismo, lo cual es indispensable; en segundo lugar, para sentirlo hacia un ser querido; y por último, hacia otras personas, familiares, amigos, conocidos e incluso desconocidos, deseando armonía para todos, igual que la luz del sol ilumina a todos por igual, sin discriminaciones ni diferencias.

Si te resulta difícil comenzar la práctica por ti mismo, empieza centrándote en alguien querido y extiende también ese amor hacia ti mismo, para envolvernos a todos.

Te proponemos que practiques con ayuda de la página web de Juan Manzanera, de nuevo, a través de los audios *Abrirse al amor* y *Amor y crear felicidad:*

- https://www.escuelademeditacion.com/meditacion/abrirse-al-amor/
- https://www.escuelademeditacion.com/meditacion/amor-crear-felicidad/

COMPASIÓN

La verdadera compasión no consiste en ayudar a aquellos que son menos afortunados que nosotros, sino en darnos cuenta de nuestro parentesco con todos los seres.

Pema Chödrön

El miedo se basa siempre en la protección de un «yo» ilusorio. Y cuanto más queremos protegernos, menos compasión tenemos.

Ayya Khema

Mira a todos los seres con compasión, reconoce el sufrimiento compartido, y alcanzarás una libertad que jamás podrías imaginar.

Juan Manzanera

En el propio método del *mindfulness* hay compasión: observa tu experiencia presente sin juzgarla, sin expectativas y, por tanto, sin crear sufrimiento (los juicios que añadas podrían crearlo). El amor y la compasión son dos caras de la misma moneda.

La compasión es la respuesta al dolor de la vida y la mejor terapia o la mejor psicoterapia. Durante nuestra vida vamos aprendiendo otras formas de responder al dolor de la misma, y poco a poco creamos «hábitos emocionales y cognitivos» que ya no son respuestas, sino reacciones involuntarias, inconscientes, a ese dolor (condicionamiento), como la culpa, la rabia, la desesperación, el miedo o la envidia. Los hemos aprendido como personas y como especie. La propuesta consiste en cambiar de manera progresiva estas reacciones por compasión, hasta que la compasión sea la respuesta al dolor de la vida.

E igual que en el amor, la puerta de entrada a la compasión es la ecuanimidad (todos somos iguales). Todos somos iguales frente al dolor de la vida y todos podemos liberarnos del sufrimiento con la auténtica compasión. Es la terapia, la liberación. Todos sentiremos la enfermedad, la pérdida, el cansancio, el miedo, el fracaso… Todo este dolor y sufrimiento es compartido, y este es el inicio de la verdadera compasión. Da igual quién sufra; todos sufrimos, pues somos humanos, sin discriminación, sin diferencias. Desde esa comprensión, todo ser humano tiene, al igual que yo, derecho a ser feliz (amor) y dejar de sufrir (compasión). El verdadero amor y la verdadera compasión se dan entre iguales. Por ello la compasión no es sentir lástima, ni pena por los demás o por uno mismo.

Para amar o compadecer no hay que ver a alguien como bueno, sino solo como un ser humano.

Por otra parte, está el deseo de ser feliz y dejar de sufrir. Ese deseo propio y hacia los demás nos incita a desarrollarnos y también a aprender. Es verdad que muchas veces caemos en otras respuestas, reacciones, que no son amor y compasión (sino desesperación, miedo, enfado, etc.). Es normal. Pero ese deseo, esa aspiración, nos impele a querer saber y a querer aprender cómo amar y cómo ayudar.

Bien mirado, en todas las profesiones relacionadas con la ayuda esta es la mejor motivación para aprender. Así, un médico quiere y desea aprender más para diagnosticar con certeza y tratar mejor, para recuperar a su paciente. Realmente se trata de la más auténtica motivación en cada acto (amor y compasión).

En la compasión verdadera hay paciencia, gratitud, ecuanimidad, perdón, generosidad... todas las cualidades que hemos ido comentando. No es de extrañar, pues, que el desarrollo de dichas cualidades positivas que propone la psicología positiva (por ejemplo, cada día recuerda antes de dormirte tres cosas, hechos o personas que puedas agradecer) haya demostrado ser beneficioso para las personas que padecen depresión.

Igualmente, los programas de autocompasión (que, básicamente, pretenden mediante explicaciones y prácticas relacionadas cambiar la culpa y la autocrítica por la respuesta de autocompasión) han demostrado grandes beneficios en personas con trastorno límite de personalidad.

Pero, en general, todos necesitamos autocompasión, incluso los que no se inventan problemas o enemigos. Hasta las personas que sienten bienestar sufren por emociones que son dolorosas, desagradables en sí mismas, y a veces reaccionan con «rechazo» o «negatividad» y, por tanto, criticando su experiencia doliente. Esta capacidad dirigida hacia uno mismo es muy relevante, ya que implica el autocuidado, la aceptación de las propias emociones y, como hemos comentado con anterioridad, sin apartarlas. Se trata de asumirlas, aceptarlas y «abrazarlas», como afirma Thích Nhất Hạnh. Y esa capacidad se puede aprender. Saber abrazar, y con ello aplicar atención, apertura e incluso amor, transforma las emociones dolorosas en... Mejor pruébalo, pues es algo íntimo y hay que experimentarlo. De dolor y sufrimiento a... Como el ave fénix, uno puede recuperarse y reconstruirse desde las cenizas, desde el dolor. Y como comentó una paciente al terminar una terapia de grupo, «no es que ahora no podamos caer... Es que ahora sabemos cómo levantarnos».

Y para acabar, de nuevo dos poemas:

PEQUEÑO GRAN AMOR

Que mi amor por ti,
aparentemente tan pequeño,
se ensanche y se extienda
como el paso de sólido a gaseoso
y llene la tierra y el mar que abarcan mis ojos.
Y que cada trozo de tierra sea fértil,
allí donde viven los que no se creen amados.
Que el aire traiga una suave fragancia para todos,
moviendo dulcemente las ramas de los árboles y
creando un sonido suave y luminoso
desde mi pequeño amor… ¡y tan grande por ti!

APRENDER

Aprender de todo,
a valorar lo que tengo y vivo,
a moderar la ambición,
a igualarme a todos,
ni mejor ni peor.

Hermanos de alegrías y penas,
de luces y sombras:
entre nosotros ya no hay distancia.

Aprender de todo,
a valorar lo que ahora es,
ya que el pasado no cuenta.
A llenar el día, a ensancharlo,
a que la presencia lo ilumine,
y que centrifugue el sufrimiento.

Sentir la dignidad repleta de humildad,
estar atenta a la mirada de otro:
ya no hay que llenar más la propia.

Que el espacio quede lleno
de alegría y de ternura,
de verdad y fortaleza.

Aprender de todo,
a vivir despacio,
con intensidad y frescura.
Todo es leve y pasa,
y solo el amor puede traspasar el alma.

Núria Farriols

Vivamos amando. No hay ninguna experiencia superable a que alguien esté disponible. En una situación de enfermedad, cuando por ejemplo se está en un hospital, todo cambia: la percepción del tiempo es más lenta, nada externo es importante, solo el bienestar de esa persona. Aquí la disponibilidad es única. Desde la proximidad, el abrazo emotivo, las palabras amables, y todo con una lentitud amorosa. Esto es lo que realmente perdura y deja un rastro imborrable; de la misma manera que vemos brillar estrellas que se apagaron hace ya mucho tiempo, la luz que nos llega después de su largo viajes a través del espacio resplandece.

Por todo lo dicho hasta ahora, la revolución que se necesita hoy en día es ética. ¡Sigue hacia el norte, pero que siempre contenga la presencia consciente y el amor altruista!

Y acabamos, una vez más, con una cita que se le atribuye a Albert Einstein:

Tras el fracaso de la humanidad en el uso y control de las otras fuerzas del universo, que se han vuelto contra nosotros, es urgente alimentarnos de otra clase de energía. Si queremos que nuestra especie sobreviva, si nos proponemos encontrar un sentido a la vida, si queremos salvar el mundo y cada ser que sienta que en él habita, el amor es la única y última respuesta.

Práctica de la COMPASIÓN DE LAS 3A (Acoge, Amplía, Ama) 🎧 16

Prctica de la compasión de los tres pasos:

1. Acoge:

Detente y ábrete al momento presente. Puedes utilizar la conciencia de la respiración, de las sensaciones corporales o de los sonidos. Cuando lleves unos minutos ahí, atento a la respiración, a los sonidos, amplía la atención a la experiencia presente incluyéndote como observador de la misma. Es posible que ya haya surgido alguna experiencia desagradable; si es así, céntrate en ella. Si no ha surgido, enfoca tu atención en alguna experiencia presente o cercana desagradable que recuerdes. Al principio es preferible que no sea muy desagradable.

Céntrate en cómo la sientes en el cuerpo, en la energía que genera, en las sensaciones físicas que desata... Olvídate del objeto implicado, de la situación o de la persona y céntrate en cómo la sientes en el cuerpo, en la energía generada, sin juicios, historias ni expectativas. Permite que esté, acepta que esté... Si notas algún impulso o deseo de que se vaya o de que no esté... suéltalo y permite, acepta, que permanezca ahí.

2. Amplía:

Reconoce a la humanidad que tienes y que compartes.
Permite así la experiencia. Comprende que lo que experimentas lo han pasado miles de personas, millones incluso, exactamente igual que tú. Es posible que muchas de ellas, incluyendo otros seres vivos, estén sintiendo exactamente lo mismo que tú en estos momentos. En el futuro, tú y todos los seres experimentaremos tristeza, rabia, nostalgia, miedo, inseguridad, obsesión..., exactamente igual que tú. Entonces comprende que ese dolor no es tu dolor; es un dolor humano, un dolor vital, un dolor que todas las personas sentirán. No estás

solo en el dolor porque es humano, es compartido, es sentido exactamente igual por todas las personas cuando la vida lo trae. No dice nada de ti, no te quita nada, no crea indignidad en ti. Solo dice que eres humano y que sufres, como todos los demás seres humanos.

3. Ama:

Siente la humanidad que compartes y que tienes. Que todos los seres que sufren, incluido yo, podamos ser felices, podamos librarnos del dolor, podamos reconocer la alegría de vivir, podamos vivir con equilibrio y armonía. Sin excusas y sin condiciones, voy a buscar y a encontrar la forma de conseguirlo, empezando por mí.

SÍNTESIS

HOLA. Vivir con *presencia* (ni en el futuro, ni en el pasado), de forma *ecuánime* (aceptando y acogiendo la experiencia como es), con conciencia del *interser* (nada existe por sí mismo, pues todo depende de lo demás) y de la *transitoriedad* (todo cambia). Por tanto, nada puede existir de forma permanente, ni por sí mismo (apertura, vacuidad). Desde esta «visión» emanan las *actitudes* consecuentes: humildad, empatía, compasión, generosidad, alegría, altruismo, paciencia, el perdón, etc., de manera natural.

Es muy adecuado asociar algunos *hábitos* a actitudes para ayudarnos a tenerlas presentes.

Por la mañana: recordaremos nuestra *valiosa vida humana,* así como la importancia de potenciar nuestro propio desarrollo y compartirlo con los demás. Ya que nuestra vida es finita, algún día tendremos que despedirnos y decir ADIÓS. Por lo tanto, podemos vivir con más presencia, degustando con intensidad y apertura cada momento.

AMOR. Durante el día: práctica amorosa hacia uno mismo y hacia los demás, con la *motivación* adecuada.

GRACIAS. Por la noche: agradecimiento de todo lo que haya estado presente en nuestro día.

HOLA. Comienza un nuevo día, una nueva sensación, una nueva experiencia. La vivo con *humildad* (como una experiencia humana; no la juzgo, no me juzgo) y, por tanto, sin rechazarla, genero *valentía;* la reconozco, aunque sea desagradable; tampoco me apego o me aferro a ella, y genero *libertad y cultivo ecuanimidad.* Aprendo que es *transitoria,* que acaba y que viene otra. Aprendo a decirle ADIÓS, ya que no me aferro a su permanencia. También observo que surge condicionada por otras experiencias, igual que desaparece afectada por otras; por tanto, conozco la interdependencia de todo ello *(interser).*

Y con las experiencias ya comentadas, conozco *pacientemente* la mente, mi mente, y me conozco a mí. Conozco mis miedos, mis inseguridades, mis expectativas, mis deseos y alegrías, pero desde un lugar diferente, desde la atención consciente que reconoce, acoge e incluso ama todas esas experiencias. Con ello me siento validado, reconocido, amado, y siento AGRADECIMIENTO por vivir. Me doy cuenta de que los demás, al igual que yo, también sienten miedos, inseguridades o alegrías, y aprendo a PERDONAR, a comprender. No me siento separado de los demás, pues siento que hay un nosotros más grande, siento AMOR y *compasión* por todos ellos, por todo el mundo, por todo el universo; trasciendo ese yo tan pequeño y conozco la verdad, la realidad.

Sigue hacia el norte, el norte de la comunión, del bien común, de la paz.

BIBLIOGRAFÍA RECOMENDADA

A continuación presentamos una relación de páginas web y de libros que han supuesto para nosotros una fuente de inspiración y aprendizaje.

Estas páginas web contienen diversas prácticas o meditaciones (audios), además de otros materiales con prácticas que integran aspectos más profundos:

- Esta página de Juan Manzanera es excepcional, tiene diversos audios dirigidos a temas muy relevantes (amor a uno mismo, compasión, transitoriedad, ecuanimidad, interdependencia…) y textos diversos: http://www.escuelademeditacion.com/
- https://jackkornfield.com
- http://mindfulnessvicentesimon.com

Esta página está diseñada con el objetivo de disponer de audios breves: http://www.mindfulnessypsicologiabcn.com/m-pbi/

También añadimos una publicación sobre el programa planteado:

Arredondo, M.; Hurtado, P.; Sabate, M.; Uriarte, C. y Botella, L., «Programa de entrenamiento en mindfulness basado en prácticas breves integradas (M-PBI)», *Revista de Psicoterapia* 27/103 (2016), PP. 133-150.

La siguiente página web integra el tema de las actitudes y de los valores con la expresión plástica, y está especialmente dirigida a estudiantes de secundaria: http://art-etic.educacionuniversal.org/

Otras referencias bibliográficas:

Adler, A., *Comprender la vida,* Barcelona, Paidós, 2014.

André, C., *Meditar día a día. 25 lecciones para vivir con mindfulness,* Barcelona, Kairós, 2013.

Aristóteles, *Ética a Nicómaco,* Madrid, Gredos, 2014.

Beck, A. T., *Con el amor no basta,* Barcelona, Paidós, 1990.

—, *Prisioneros del odio: las bases de la ira, la hostilidad y la violencia,* Barcelona, Paidós, 2003.

—, Freeman, A. y Davis, D., *Terapia cognitiva de los trastornos de personalidad,* Barcelona, Paidós, 2005.

Cicerón, *Discursos,* Madrid, Gredos, 2019.

Dalai Lama, *El universo en un solo átomo,* Barcelona, Debolsillo, 2016.

De Mello, A., *Una llamada al amor,* Santander, Sal Terrae, 2021.

Einstein, A., *El mundo como yo lo veo,* Pontevedra, Plutón, 2017.

Ellis, A., *Manual de terapia racional emotiva,* Bilbao, Desclée de Brouwer, 1990.

Frankl, V., *El hombre en busca de sentido,* Barcelona, Herder, 2015.

Fromm, E., *El arte de amar,* Barcelona, Paidós, 2016.

Henley, W. E., *Poems,* Carolina del Sur, CreateSpace, 2018.

Heráclito, *Fragmentos,* Madrid, Encuentro, 2015.

James, W., *Principios de psicología,* Madrid, Fondo de Cultura Económica, 1994.

Kabat-Zinn, J., *Vivir con plenitud las crisis,* Barcelona, Kairós, 2003.

—, *Mindfulness en la vida cotidiana,* Barcelona, Paidós, 2009.

—, *Mindfulness para principiantes,* Barcelona, Kairós, 2013.

Merton, T., *Nuevas semillas de contemplación,* Santander, Sal Terrae, 2008.

Miró, M. T. y Simón, V., *Mindfulness en la práctica clínica,* Bilbao, Desclée de Brouwer, 2012.

Ricard, M., *En defensa de la felicidad,* Barcelona, Urano, 2011.

Shantideva, *La práctica del Bodhisattva,* Novelda, Dharma, 2014.

Skinner, B. F., *Ciencia y conducta humana,* Barcelona, Fontanella, 1971.

Sternberg, R. J., *El triángulo del amor: intimidad, pasión y compromiso,* Barcelona, Paidós, 1989.

Teresa de Calcuta, *Donde hay amor, hay Dios,* Barcelona, Booket, 2014.

Teresa de Jesús, *Camino de perfección,* San Pablo, Biblioteca de Clásicos Cristianos, 1583.

Yongey Mingyur Rinpoché, *La alegría de vivir: el secreto y la esencia de la felicidad,* Madrid, Rigden Institut Gestalt, 2012.

Este libro corresponde al trabajo de las actitudes:

Murdoch, A. y Oldershaw, D., *16 actitudes para una vida con sentido,* Londres, Ashford Colour Press, 2009.

Thích Nhất Hạnh es un autor que ha sido muy prolífico. Entre algunos de los libros están:

Nhất Hạnh, T., *Hacia la paz interior,* Barcelona, Random House, 1992.

—, *La muerte es una ilusión,* Barcelona, Espasa, 2004.

—, *La paz está en tu interior,* Barcelona, Espasa, 2012.

—, *Miedo,* Barcelona, Kairós, 2013.

Este libro está dirigido explícitamente al tratamiento de personas que han tenido depresión y para prevenir recaídas:

Segal, Z. V.; Williams, J. M. G. y Teasdale, J. D., *Terapia cognitiva de la depresión basada en la consciencia plena,* Bilbao, Desclée de Brouwer, 2008.

Os recomendamos algunas lecturas para cuando estéis introducidos en el tema: grandes y ricas aportaciones de intensa profundidad:

Chödrön, P., *Comienza donde estás,* Madrid, Gaia, 1994.
Khema, A., *¿Quién es mi yo?,* Barcelona, Kairós, 1997.
—, *Siendo nadie yendo a ninguna parte,* Barcelona, Índigo, 2009.

AUTORES

NÚRIA FARRIOLS. Doctora en Psicología. Psicóloga clínica del Centro de Salud Mental de Adultos (CSMA) del Hospital de Mataró (Consorci Sanitari del Maresme) desde hace 30 años. Profesora titular de la Facultat de Psicologia, Ciències de l'Educació i de l'Esport (FPCEE) Blanquerna-Universitat Ramon Llull. Coordinadora del Servicio de Orientación Personal y miembro del Grupo de investigación Comunicació i Salut (COMSAL). Cuenta con 10 años de experiencia en meditación.

FERRAN ALIAGA. Psicólogo clínico desde hace 21 años y, desde hace 14, forma parte del equipo del Centro de Salud Mental de Adultos (CSMA), así como de la Unidad de Hospitalización del Servicio de Salud Mental y Adicciones del Hospital de Mataró (Consorci Sanitari del Maresme). Cuenta con 10 años de experiencia en meditación.

Colaboradores:

VICTORIA FERNÁNDEZ-PUIG. Doctora en Psicología. Profesora asociada en la FPCEE Blanquerna-Universitat Ramon Llull. Psicóloga general sanitaria. Grupo de investigación Comunicació i Salut (COMSAL).

ÁLVARO FRÍAS IBÁÑEZ. Doctor en Psicología. Psicólogo clínico en el CSMA del Hospital de Mataró (Consorci Sanitari del Maresme). Profesor asociado en la FPCEE Blanquerna-Universitat Ramon Llull. Grupo de investigación Comunicació i Salut (COMSAL).

EDUARD MARTORELL I SABATÉ. Licenciado en Biología. Posgraduado en Medicina Clínica Preventiva. Profesor asociado en la Universitat Internacional de Catalunya. Editor del sello editorial Text (Grup Enciclopèdia).

CAROLINA PALMA SEVILLANO. Doctora en Psicología. Psicóloga clínica en el CSMA del Hospital de Mataró (Consorci Sanitari del Maresme). Profesora de la FPCEE Blanquerna-Universitat Ramon Llull. Grupo de investigación Comunicació i Salut (COMSAL).

TERESA PRETEL LUQUE. Psicóloga general sanitaria. Máster en Terapia Familiar y en Terapia Narrativa. Postgrado en Psicoterapia Integradora. Miembro del grupo de investigación Comunicació i Salut (COMSAL).

Agradecemos los inestimables y amplios comentarios de Jeroni Miguel Briongos.